COLLECTION

DE

DOCUMENTS INÉDITS

SUR L'HISTOIRE DE FRANCE

PUBLIÉS PAR LES SOINS

DU MINISTRE DE L'INSTRUCTION PUBLIQUE

PREMIÈRE SÉRIE.

HISTOIRE POLITIQUE.

PARIS. — TYPOGRAPHIE DE FIRMIN DIDOT FRÈRES,
RUE JACOB, 56.

GLOSSAIRE

DU

LIVRE DE JOSTICE ET DE PLET

PAR P. CHABAILLE

MEMBRE DE LA SOCIÉTÉ NATIONALE DES ANTIQUAIRES DE FRANCE,
MEMBRE CORRESPONDANT DE LA SOCIÉTÉ DES ANTIQUAIRES DE PICARDIE
ET DE LA SOCIÉTÉ D'ÉMULATION D'ABBEVILLE.

PARIS

CHEZ AUG. DURAND, RUE DES GRÉS-SORBONNE, 5

1850

Nous n'avons pas la prétention de faire ici un *Glossaire* de l'ancien
droit français ; cet ouvrage d'ailleurs existe depuis longtemps, et il
atteste la science d'Eusèbe de Laurière, son auteur [1]. Notre tâche est
plus modeste et plus en rapport avec nos forces : nous nous bornons
à donner l'explication des mots hors d'usage qui se rencontrent en si
grand nombre dans le texte du *Livre de Justice et de Plet.*

Dans un glossaire spécial comme celui-ci, nous avons dû recueillir
les mots anciens sous toutes les formes que l'inattention, la négligence
ou l'ignorance du scribe ou copiste leur ont données. Seulement nous
avons pris le soin de renvoyer toutes ces variantes à la véritable
forme orthographique du mot, quand elle s'est retrouvée dans le texte.

Au XIIIe siècle, le grand nombre de dialectes et l'absence d'un corps
savant investi d'une autorité régulatrice, devaient naturellement produire beaucoup d'instabilité dans la manière d'écrire les mots; cette
instabilité, qui a fait croire longtemps que le vieux français était dé-
pourvu de toute règle, nous a permis d'accompagner d'exemples les
variantes qui n'étaient pas dues uniquement à l'inexpérience du scribe:
malheureusement *le Livre de Jostice et de Plet* renferme un certain
nombre de mots qui n'ont pas d'autre origine. Non-seulement le copiste malencontreux estropie le vocabulaire, mais il viole presque à

---

[1] En voici le titre : Glossaire du Droit
françois, contenant l'explication des mots
difficiles qui se trouvent dans les ordonnances de nos roys, dans les costumes du
royaume, dans les anciens arrests et les anciens titres, etc. Paris, 1704, 2 vol. in-4°.

chaque ligne les règles anciennes, si habilement exposées par MM. Raynouard [1], Fallot [2], Ampère [3], Génin [4] et Orell [5].

Cependant, malgré ses imperfections grammaticales, le texte du *Livre de Joslice et de Plet* a fourni des exemples à Sainte-Palaye [6], Barbazan [7], Capperonnier [8] et Roquefort [9], et il faut bien l'avouer, ces derniers lexicographes, dans les exemples qu'ils lui ont empruntés, ont encore ajouté à ces imperfections. Nous ne pouvons nous dispenser de signaler ici les fautes les plus graves parmi celles qui se rencontrent dans la série des exemples extraits par Capperonnier, et que l'on trouvera imprimés en note dans la Préface de M. Rapetti ci-dessus, p. i–v [10].

[1] Observations philologiques et grammaticales sur le roman de Rou et sur quelques règles de la langue des trouvères au xiie siècle. Rouen, 1829, in-8°.

[2] Recherches sur les formes grammaticales de la langue française et de ses dialectes au xiiie siècle, etc. Paris, 1839, gr. in-8°.

[3] Histoire de la littérature française au moyen âge.... Introduction. Histoire de la formation de la langue française. Paris, 1841, in-8°.

[4] Des variations du langage français depuis le xiie siècle, ou Recherches des principes qui devraient régler l'orthographe et la prononciation. Paris, 1845, in-8°.

[5] Alt-Frauzösisch grammatik, etc. Zurich, 1830, in-8°.

[6] Glossaire français, ms. n° 10557 k, 31, vol. in-fol. Bibl. Nat. Nous sommes du moins porté à croire que l'ancienne Coutume d'Orléans qu'il cite à propos de l'emploi de l'*a* pour l'*e*, n'est autre que le *Livre de Joslice et de Plet*.

[7] Dictionnaire ou Glossaire de l'ancienne langue française; 4 vol. in-fol. ms. B. L. F., n° 3, à la bibliothèque de l'Arsenal. — Dictionnaire des anciens mots françois, ms. in-fol., n° 540, Suppl. franç., à la Bibliothèque nationale.

[8] Histoire de saint Louis, par le sire de Joinville, etc. Paris, 1761, in-fol.

[9] Glossaire de la langue romane, rédigé d'après les manuscrits de la Bibliothèque impériale, et d'après ce qui a été imprimé de plus complet en ce genre, etc. Paris, 1808, 2 vol. in-8°, et 1 vol. de supplément, Paris, 1820, in-8°.

[10] Nos rectifications ne s'appliquent qu'aux mots suivants :

Agrever. « Je me tiens *agrevez* de la sentence. » — Il faut lire a grevez; et ce n'est pas au folio 178 v° du manuscrit qu'on doit aller chercher ce passage, mais au folio 198 v°, c. 2.

Aloer. « Johans de Biaumont dit que cil « qui *aloa* la chose est tenus à celui à « qui *il aloa* dou loage. » — Johans de Beaumont dit que cil qui loa la chose est tenuz à celui à qui la loa dou loage.

Apoier. Ce mot, dans l'exemple cité, ne signifie pas *appuyé*, mais satisfait.

Arme. « Qui prie *par* soi, » — por soi.

Avoutir. « La loy que li empereur fist des « avoitires eu des communs juigemens, « par quoi cil qui font des avoitires sont

Quant à Roquefort, non-seulement il cite le manuscrit du *Livre de Jostice et de Plet* sous plusieurs titres différents, souvent dans la même page [1], mais les nombreux fragments qu'il y a puisés sont copiés si incorrectement que l'errata entraînerait fort loin [2]. On peut en juger du reste par le nombre de corrections placées entre crochets, à l'aide desquelles nous avons rétabli le texte des exemples reproduits d'après Roquefort dans notre Glossaire. Ce moyen même n'a pas toujours suffi,

« condampné. » — La loi que li empereres fist des avotires est des communs juigemenz, par quoi non pas tant solement cil qui bannissent aucun mariage sunt puni par glaive, mès cil qui font lor desléal tricherie d'hommes.

Bouter. « Batre est o dolor, et boter sanz dolor, » — et boter EST sanz dolor.

Esmer. Le passage ne se trouve pas au fol. 170 v° du manuscrit, mais bien au fol. 70 v°, c. 1.

Lecherie. « *Par* cause de lecherie, » — POR cause de lecherie.

Mesel. « *Par* fornication, » — POR fornication.

Mesnie. « Ou *autre* serf, » — OU AUTRUI serf.

Musar. « Une costume *est*, » — ERT.

Ibid. « Apeler a nul jugement, ne doner « consoil, » — ne A donner consoil.

Oliphant. « Mès chien *n'iert* pas contenu, » — N'I EST pas contenu.

Peliçons. « De chans *ou* de villes, » — de chans ET de viles.

Repondre. « Marcus li empereres *permet*, » — SOFRE.

Ibid. « Soit aperte, soit *reposc*, » — REPOTE.

[1] Tome I, p. 496; t. II, p. 242, 533. Voir aussi t. I, p. 11, c. 1 : *Livre de Jostice et de Plet;* p. 125, c. 2, Mss. Bibl. impér., n° 8407. Tome II, p. 72, c. 1, Anc. Cout. d'Orléans. Supplément, p. 66, c. 2, mss. du roi, n° 8047, etc., etc. Toutefois Roquefort, en cela, n'a fait qu'imiter les glossaires manuscrits de Barbazan, qu'il a mis largement à contribution.

[2] On pourra s'en assurer en collationnant quelques-uns des exemples imprimés dans son Glossaire, aux mots : Abuvrer, Amoillerer, Appoier, Assil, Avotire; Bal, Bau, Bennissement, Bestorner, Bogrerie, Bouter; Calumpnier, Chambre - basse, Chans, Copeor, Costume; Descovrer, Digneté, Domesche; Eau, Enfoïr, Eschauguette, Escheète, Especialment; Foïr, Folaïer, Font, Forbannir, Fornication, Fruitier; Genou, Gietz; Haage, Holerie, Hopitelier, Hors; Institor; Jeuer, Joer; Larecéin, Lédi, Lés, Lest, Lever, Loingaingne, Loisoit, Loister; Maagné, Mahaigné, Mahain, Manois, Marçaiche, Méains, Meisme, Mesel, Mesiere, Mestiver, Moichine, Mortaille; Nestre, Non, Non aage, Nos, Notonnier; Occir, Olerie, Ordoer, Ostroi; Patéors, Pez, Plusors; Refui, Religios, Repoinre, Roberie; Seignau, Seil, Selt, Semblableté, Serf, Servage, Socre, Solement; Terrail, Toe, Toloiste, Torfaiz; Vendage, Ventrière, Verai, Voir; et aux mots Artriniers, Celantis, *Suppl.*, p. 26 et 66, etc.

La collation de tous ces exemples, d'après le volume imprimé, est impossible, attendu que le texte du *Livre de Jostice et de Plet* n'y est point publié intégralement. Voir ci-dessus, Préface, p. LI, note.

et notamment au mot *Chalongée*, nous avons été obligé de transcrire en entier le passage littéralement défiguré.

L'ancien français avait gardé pour les substantifs un certain nombre de désinences, derniers vestiges de la déclinaison latine [1]; malheureusement les glossaires n'ont pas tenu compte de cette forme grammaticale, longtemps inaperçue. De là une foule d'erreurs faciles à éviter aujourd'hui. Ces désinences nous ont servi de guide pour le classement des mots; ainsi, dans notre Glossaire, le sujet précède naturellement le régime, et ce n'est qu'en l'absence de l'un que l'autre en occupe la place.

Peut-être nous objectera-t-on que nous avons admis beaucoup de mots faciles à entendre; mais à cet égard la limite était difficile à tracer, et, selon nous, c'est ici le cas d'appliquer cet axiome : *Ce qui abonde ne vicie pas.*

L'un de nos plus grands écrivains a dit : « Un dictionnaire sans citation est un squelette [2]. » Pour que ce mot si juste ne pût s'appli-

---

[1] Pour nous renfermer dans les limites de notre Glossaire, nous nous bornerons à citer :

1° L'adjonction ou la suppression des lettres *s*, *z*, ou le changement de ces lettres en *t* pour désigner le sujet ou le régime : aucuns, aucun; bans, ban; corages, corage; mus, mu; pers, per; avoemanz, avoemant; contens, content; convenanz, convenant. De même pour les adjectifs : franchiz, franchi; gregiez, gregié; remuez, remué.

2° Le changement de *aus*, *iaus*, en *al*, *ail*, *el* : chevaus, cheval; étaus, étal; léaus, léal; desléaus, desléal; maus, mal; baus, bail; consauz, consail; bediaus, bedel; maqueraus, maquerel; oisiaus, oisiel.

3° De *e* en *ain* : ante, antain.

4° De *erres*, *ercs*, *ierres* en *eor* ou *eur* : achaterres, achateor; deffenderres, deffendeor; demanderres, demandeor; empereres, empereor; gaagnerres, gaagneor; herbergerres, herbergeor; laborreres, laboreor, mesurerres, mesureor; presterres, presteor; receverres, receveor; roberres, robeor; tricherres, tricheor; venderres, vendeor; aidierres, aideor; apelieres, apeleor; chalongierres, chalongeor; consentierres, consenteor.

Aujourd'hui on retrouve des vestiges de cette double désinence dans les substantifs destinat*aire*, destinat*eur*, donat*aire*, donat*eur*, avec différence, que le sujet s'est changé en régime et le régime en sujet.

5° De *es* en *ant* : enfes, enfant; en *on* : lerres, larron; mes, mon; en *or* : detes, detor.

6° De *ex*, *iex* en *ef* : griex, grief; en *el* : tex, tel; autretex, autretel; chetiex, chetel.

7° De *inz* en *gnon* : compainz, compagnon.

8° De *ires* en *enor* : sires, senor.

9° De *res* en *or* : maires, maior; meres, meor; traîtres, traïtor.

10° De *s* en *f* : chiés, chief; sers, serf.

11° De *ui* en *eus* : dui, deus; andui, andeus.

[2] Voltaire, *Correspondance générale.* Lettre du 11 août 1760.

quer à notre Glossaire, nous y avons ajouté de nombreux exemples, qui sont destinés à venir à l'appui de notre traduction. De plus, et aussi comme moyen de contrôle, chaque mot est accompagné de quelques renvois aux pages du livre où il se trouve. Enfin, nous donnons ci-après une liste des ouvrages imprimés ou manuscrits, d'où sont tirés les exemples insérés dans le Glossaire du *Livre de Jostice et de Plet.*

En rédigeant ce Glossaire et la Table analytique qui le suit, nous nous sommes proposé de rendre plus facile l'intelligence d'un document de l'ancien droit français, auquel, malgré ses imperfections, on ne peut contester une véritable importance historique. Puissions-nous avoir atteint notre but !

P. CHABAILLE.

LISTE DES OUVRAGES

IMPRIMÉS OU MANUSCRITS

D'OÙ SONT TIRÉS LES EXEMPLES CITÉS DANS LE GLOSSAIRE DU LIVRE DE JOSTICE ET DE PLET.

Anc. trad. de la Bible, ms. 6701, gr. in-fol., à la Bibliothèque nationale.

Anc. trad. du Digeste. V. Digeste vielle.

Archives administratives de la ville de Reims, par Pierre Varin. Paris, 1839, etc., 3 vol. in-4°.
 Cet ouvrage fait partie de la Collection de Documents inédits sur l'histoire de France, publiée par les soins du ministre de l'instruction publique.

Assises de Jérusalem, ou recueil des ouvrages de jurisprudence composés pendant le xiii° siècle dans les royaumes de Jérusalem et de Chypre, publiées par M. le comte Beugnot. Paris, 1841, 2 vol. in-fol.

Branche des royaux lignages, chronique métrique de Guillaume Guiart, publiée par J.-A. Buchon. Paris, 1828, 2 vol. in-8°.

Cérémonies des gages de bataille, selon les constitutions du bon roi Philippe de France, publiées par G.-A. Crapelet. Paris (1830), grand in-8°.

Chanson (la) de Roland ou de Roncevaux, du xii° siècle, publiée par Francisque Michel. Paris, 1837, grand in-8°.

Chanson (la) des Saxons, par Jean Bodel, publiée par Francisque Michel. Paris, 1839, 2 vol. in-8°.

Chastoiement (le) d'un père à son fils, traduction en vers français de l'ouvrage de Pierre Alphonse. Paris, 1824, pet. in-8°. V. Discipline de Clergie.

Chevalerie (la) Ogier de Danemarche, par Raimbert de Paris, poëme du xii° siècle (publié par M. J. Barrois). Paris, 1842, in-4° et in-8°.

Chronicle of the war between the English and the Scots in 1173 and 1174, by Jordan Fantosme, now published by Francisque Michel. Paris, 1839, in-8°.
 Cette chronique a été réimprimée dans l'Appendice à la Chronique de Normandie par Benoit, t. III. p. 330-618.

Chroniques anglo-normandes. Recueil d'extraits et d'écrits relatifs à l'histoire de Normandie et d'Angleterre pendant les xi° et xii° siècles, publié par Francisque Michel. Rouen, 1836-1840. 3 vol. in-8°.

Chronique de Bertrand du Guesclin, par Cuvelier, trouvère du xive siècle, publiée par E. Charrière. Paris, 1839, 2 vol. in-4°.

Cet ouvrage et le suivant font partie de la Collection de Documents inédits sur l'histoire de France, publiée par les soins du ministre de l'Instruction publique.

Chronique des ducs de Normandie, par Benoît, trouvère anglo-normand du xiie siècle, publiée par Francisque Michel. Paris, 1836-1844, 3 vol. in-4°.

Chronique de Jordan Fantosme. V. Chronicle, etc.

Chronique métrique de Godefroy de Paris, suivie de la taille de Paris en 1313, publiée par J.-A. Buchon. Paris, 1827, in-8°.

Chroniques de Normandie, publiées d'après deux manuscrits de la Bibliothèque du roi à Paris, par Francisque Michel. Rouen, 1839, pet. in-4°.

Cl. Marot. Voy. OEuvres complètes, etc.

Conqueste (de la) de Constantinoble, par Joffroi de Villehardouin et Henri de Valenciennes ; édition de M. Paulin Paris. Paris, 1838, gr. in-8°.

Conseil (le) de Pierre de Fontaines, nouvelle édition, publiée d'après un manuscrit du xiiie siècle, etc., par M.-A.-J. Marnier. Paris, 1846, in-8°.

Coutumes (les) du Beauvoisis, par Philippe de Beaumanoir, jurisconsulte français du xiiie siècle, publiées par M. le comte Beugnot. Paris, 1842, 2 vol. gr. in-8°.

Demandes (les) faites par le roi Charles VI, touchant son état et le gouvernement de sa personne, avec les réponses de Pierre Salmon, son secrétaire et familier ; publiées par G.-A. Crapelet, imprimeur. Paris, 1833, gr. in-8°.

Dialogues de saint Grégoire, ms. n° 210 *bis* (Olim, A 3) du fonds Notre-Dame, à la Bibliothèque nationale.

Dialogues entre le père et le fils, ms. n° 198 du Supplément français, à la Bibliothèque nationale.

Digeste vielle en françois, ms. 340 du fonds Sorbonne. in-fol., à 2 colonnes, xiiie siècle, à la Bibliothèque nationale.

Ce volume, non moins remarquable par la correction parfaite du texte que par la beauté de son exécution, a fait partie de la bibliothèque du cardinal Richelieu, dont il porte les armes sur les plats de la couverture en maroquin rouge.

Pierre de Fontaines paraît avoir fait quelques emprunts à cet excellent texte. Voir aux mots *Boisdie* et *Muer* de notre Glossaire.

Discipline de clergié, traduction de l'ouvrage de Pierre Alphonse. Paris, 1824, pet. in-8°.

Ouvrage publié par la Société des bibliophiles français.

Eléments carlovingiens linguistiques et littéraires, par M. Barrois. Paris, 1846, in-4°.

Essais de Michel, seigneur de Montaigne. Paris, 1802, 4 vol. in-12.

Établissements de S. Louis. Voy. Histoire de saint Louis.

Fables inédites des xiie, xiiie et xive siècles, et Fables de La Fontaine, rapprochées de celles de tous les auteurs qui avoient, avant lui, traité les mêmes sujets, précédées d'une notice sur les fabulistes, par A.-C. Robert. Paris, 1825, 2 vol. in-8°.

Fabliaux et contes des poëtes français, des xi, xii, xiii, xiv et xve siècles, publiés par Barbazan. Nouvelle édition, augmentée et revue par Méon. Paris, 1808, 4 vol. in-8°. Voy. Nouveau recueil de Fabliaux, etc.

Garin le Loherain. Voy. Roman (li) de Garin.

Glossaire de la langue romane, par J.-B.-B. Roquefort. Paris, 1808, 2 vol. in-8°. — Supplément au Glossaire de la langue romane, par le même. Paris, 1820, in-8°.

Glossaire du xve siècle ; il se trouve en tête du ms. n° 9543 in-fol. de la Bibliothèque royale de Bourgogne à Bruxelles.

Godefroy de Paris. Voy. Chronique métrique, etc.

G. Guiart. Voy. Branche, etc.

Histoire (l') du châtelain de Coucy et de la dame de Fayel, publiée et mise en français par G.-A. Crapelet. Paris, 1839, gr. in-8°.

Histoire des ducs de Normandie et des rois d'Angleterre, publiée par Francisque Michel. Paris, 1841, gr. in-8°.

Histoire de saint Louys, neuvième du nom, roy de France, écrite par Jean sire de Joinville, sénéchal de Champagne, publiée par Charles du Fresne, sieur du Cange. Paris, 1668, in-fol.

Jubinal, Fabliaux. Voy. Nouveau recueil de Contes, etc.

La Fontaine. OEuvres publiées par M. Walckenaer. Paris, 1827, 6 vol. in-8°.

Lais inédits des xii et xiiie siècles, publiés par Francisque Michel. Paris et Londres, 1836, in-8°.

Lettre au directeur de l'Artiste, touchant le manuscrit de la bibliothèque de Berne n° 354, perdu pendant vingt-huit ans, etc.; par Achille Jubinal. Paris, 1838, brochure in-8°.

Livre (li) des créatures, the bestiary, by Philip de Thaun. Voyez Popular treatises on science written during the middle ages, edited by Thomas Wright. London, 1841, in-8°.

Livre (le) des métiers. Voy. Règlements sur les arts et métiers, etc.

Livres (li) de philosophie et de moralité, ms. n° 283, in-fol. B. L. Fr., à la Bibliothèque de l'Arsenal.

Manuscrit n° 7363 , xiii° siècle, à la Bibliothèque nationale.

Outre le *Trésor de Brunet Latin*, ce précieux volume contient plusieurs ouvrages en prose et en vers.

Maurice de Sully, sermons, ms. n° 2036-18 , fonds du Supplément français, à la Bibliothèque nationale.

Mort (la) de Garin le Loherain, poëme du xii° siècle, publié par M. Édelestand du Méril. Paris, 1846, in-8°..

Mystère de saint Crespin et saint Crespinien, publié par L. Dessalles et P. Chabaille. Paris, 1836, gr. in-8°.

Nouveau recueil de fabliaux et contes inédits des poëtes français des xii, xiii, xiv et xv° siècles, publié par Méon. Paris, 1823, 2 vol. in-8°.

Nouveau recueil de contes, dits, fabliaux, et autres pièces inédites des xiii, xiv, et xv° siècles, mis au jour par Achille Jubinal. Paris, 1839-1842, 2 vol. in-8°.

OEuvres complètes de Clément Marot ; édition augmentée d'un Essai sur sa vie et ses ouvrages, et de notes historiques et critiques (par Paul Lacroix). Paris, 1824, 3 vol. in-8°.

OEuvres complètes de Rutebeuf, trouvère du xiii° siècle , recueillies et mises au jour par Achille Jubinal. Paris, 1839, 2 vol. in-8°.

OEuvres de Molière, publiées par Auger. Paris, 1819-1825, 9 vol. in-8°.

Ogier de Danemarche. Voy. Chevalerie, etc.

Olim (les), ou Registres des arrêts rendus par la cour du roi, sous les règnes de Saint Louis, de Philippe le Hardi, de Philippe le Bel, de Louis le Hutin, et de Philippe le Long, publiés par M. le comte Beugnot. Paris, 1839-1848, 3 vol. in-4°.

Fait partie de la Collection de Documents inédits sur l'histoire de France, publiés par les soins du ministre de l'instruction publique.

Ordinaires (li) maistre Tancrez, qui traite comment toute personne se doit avoir en justice, ms. 7347, Bibl. nat., pet. in-fol. à 2 colonnes, xiv° siècle.

Ce volume a fait partie de la bibliothèque de Blois, comme nous l'apprend une note collée sur le plat intérieur de la couverture, et qui est ainsi conçue : « Des « hystoires et liures en françois. Pul^{te} 3° antre la mu- « raille de vers la court. »

Relié en maroquin rouge *aux armes*. Sur le dos, on lit les mots : DE L'ORDRE JUDICIAIRE.

Origines de quelques coutumes anciennes, et de plusieurs façons de parler, par Moyssant de Brieux. Caen, 1672, in-12.

Partonopeus de Blois , publié d'après le manuscrit de la Bibliothèque de l'Arsenal, par G.-A. Crapelet. Paris, 1834 , 2 vol. gr. in-8°.

Poésies morales et historiques d'Eustache Deschamps, écuyer, huissier d'armes des rois Charles V et Charles VI, etc., publiées par G.-A. Crapelet. Paris, 1832, gr. in-8°.

Poésies (les) du roy de Navarre (publiées par Lévesque de la Ravallière). Paris, 1742, 2 vol. in-12.

Proverbes et Dictons populaires, avec les dits du Mercier et des marchands, et les crieries de Paris aux xiii° et xiv° siècles, publiés par G.-A. Crapelet. Paris, 1831, gr. in-8°.

Proverbes ruraux et vulgaus, ms. 174 bis du fonds Notre-Dame, à la Bibliothèque nationale.

Proverbes Senèke le Philosophe, ms. 174 bis du fonds Notre-Dame, à la Bibliothèque nationale.

Quatre (les) Livres des Rois, traduits en français du xii° siècle, suivis d'un fragment de moralités sur Job, et d'un choix de sermons de saint Bernard, publiés par M. Le Roux de Lincy. Paris, 1841, in-4°.

Fait partie de la Collection de Documents inédits relatifs à l'histoire de France, publiés par les soins du ministre de l'instruction publique.

Rabelais (OEuvres de F.). Nouvelle édition, augmentée de plusieurs extraits, etc., et publiée par L. Jacob, bibliophile (Paul Lacroix). Paris, 1845, 1 vol. format Charpentier.

Règlements sur les arts et métiers de Paris, rédigés au xiii° siècle, et connus sous le nom du Livre des métiers d'Étienne Boileau, publiés par G.-B. Depping. Paris, 1837, in-4°.

Fait partie de la Collection de Documents inédits sur l'histoire de France.

Renart le Contrefait, ms. 7630-4 à la Bibliothèque nationale.

Renart le nouvel. Voy. Roman du Renart, t. IV.

Romans (li) de Berte aus grans piés , publié par M. Paulin Paris. Paris, 1836, in-8°.

Roman (le) de Brut, par Wace, poëte du xii° siècle, publié par Le Roux de Lincy. Rouen, 1836-1838, 2 vol. in-8°.

Roman (le) du comte de Poitiers, en vers du xiii° siècle, publié par Francisque Michel. Paris, 1831, gr. in-8°.

Romans (li) de Garin le Loherain, publié par M. P. Paris. Paris, 1833-1835, 2 vol. in-8°.

Roman de Horn, publié par Francisque Michel. Paris, gr. in-8°.

Roman de Mahomet, en vers du xiii° siècle, par Alexandre Du Pont, et livre de la Loi au Sarrazin, en prose du xiv° siècle, par Raymond Lulle, publiés par MM. Reinaud et Francisque Michel. Paris, 1831, gr. in-8°.

Roman de la Manekine, par Philippe de Reimes, trouvère du xiiie siècle, publié par Francisque Michel. Paris, 1840, in-4°.

Romans (li) de Raoul de Cambrai et de Bernier, publié par Edward Le Glay. Paris, 1840, in-8°.

Roman (le) du Renart, publié d'après les manuscrits de la Bibliothèque du Roi, des xiiie, xive et xve siècles, par M. D. M. Méon. Paris, 1826, 4 vol. in-8°.

Roman (le) du Renart, supplément, variantes et corrections, publié par P. Chabaille. Paris, 1835, in-8°.

Roman (le) de la Rose, par Guillaume de Lorris et Jehan de Meung, nouvelle édition revue et corrigée par Méon. Paris, 1814, 4 vol. in-8°.

Roman (le) de Rou et des ducs de Normandie, par Robert Wace, poëte du xiie siècle, publié par Frédéric Pluquet. Rouen, 1827, 2 vol. in-8°.

Roman (le) du Saint Graal, publié par Francisque Michel. Bordeaux, 1841, in-8°.

Roman des Sept Sages de Rome, en prose, publié par Le Roux de Lincy, à la suite de l'Essai sur les fables indiennes et sur leur introduction en Europe, par A. Loiseleur-Deslongschamps. Paris, 1838, in-8°.

Roman de la Violette ou de Gérard de Nevers, en vers du xiiie siècle, par Gibert de Montreuil, publié par Francisque Michel. Paris, 1834, in-8°.

Romvart. Notices et extraits de manuscrits inédits des bibliothèques de Venise, de Florence et de Rome, relatifs à l'histoire littéraire de la poésie romane du moyen âge, par M. Adelbert Keller. Mannheim et Paris, 1844, in-8°.

Rutebeuf. Voy. Œuvres complètes, etc.

Secrets (les) d'Aristote, ms. n° 162, fonds du Suppl. franç. à la Bibliothèque nationale.

Tancrède. Voy. Ordinaires (li), etc.

Testament de Jehan de Meung. Voy. Roman de la Rose, t. IV.

Théâtre français au moyen âge (xie-xive siècles), publié par MM. L.-J.-N. Monmerqué et Francisque Michel. Paris, 1839, gr. in-8°.

Thibaud de Navare. Voy. Poésies, etc.

Trésor de Brunet Latin, ms. 198, fonds du Supplément français, à la Bibliothèque nationale.

Tristan. Recueil de ce qui reste des poëmes relatifs à ses aventures, publié par Francisque Michel. Londres, 1835, 2 vol. pet. in-8°.

Vers sur la mort, par Thibaud de Marly, seconde édition. Paris, 1835, gr. in-8°.

GLOSSAIRE

DU

LIVRE DE JOSTICE ET DE PLET.

A, 10, 64; *al*, 76; *ale*, 64, elle, elles.

Aage, [*Aages*], âge. *Dreit aage*, 30; *bon aage*, 40, majorité. Voy. *Non aagé.*

Nus n'est escusez ès mesfez par *aage*, ce dit la lois; et certes c'est voirs se li *aages* est tex qu'il puisse savoir qu'est mesfez ou doie.

> *Le Conseil de Pierre de Fontaines*, p. 100.

> Jofnes hom fu de poi d'*aage.*

> Vieuz ert Hunfreiz e bien d'*aage.*

Benoît, *Chron. de Normandie*, v. 35659, 32002.

Aauciez, 46, élevé; voy. *Ahaucier.*

Abast, 12; abolit.

> Mahom, chou dist li sains hermites....
> Tu , desloiaus et plains de rage,
> *Abateras* saint mariaige.
>> *Roman de Mahomet*, v. 51, 57, etc.

> Jamès de mon cors ne jorrois...
> Se vos une male costume...
> En vostre terre n'*abatez*
> Et du tout en tout ne l'ostez.
>> Méon, *Nouveau Recueil*, II, 357.

Abatue, 11, abolie; voy. *Abast.*

La première constitutions est *abatue* par la derrenière.

Li premiers rescris généraus est *abatus* par le derrenier espécial.

Le Conseil de Pierre de Fontaines, p. 479, 485.

Abletiz, 295, bleui, noirci; voy. *Blef.*

Abuvrer, 267, arroser.

« Li prodome qui estoit cele fontaine , P., la fit aler par tot son champ por lou *abuvrer*. »

Dans un des fragments du *Livre de Jostice et de Plet*, cités par Capperonnier en son Glossaire sur *Joinville*, édit. in-fol., Paris, 1781, et répétés par Roquefort, *Glossaire*, au mot *abuvrer*, I, 11, le mot *abevrer* est pris dans l'acception actuelle d'*abreuver* les bêtes. (V. ci-dessus, Préface, p. v, note 1, c. 2.)

Accessors, 18, accessoires.

Acertener, 183, rendre certain, certaine.

Nous vous envoions hastivement ce chevaucheur de nostre escuirie pour vous *acertener* de par nous, par ces présentes, des choses dessusdictes.

> *Les Demandes du roi Charles VI*, p. 111.

Acestés, 137, exceptées.

Achaeste, 238, *achaete*, 246, voy. *Escheete.*

Achaugètes, 240, voy. *Eschauguiète.*

Acheeste, 257, voy. *Escheete.*

Achéi, voy. *Escheer.*

Acheison, 17; *achesun*, 26; *acheson*, 28, 92, 117, occasion, cause, motif. Voy. *Achoison.*

> Si li fust ce mout grant confort
> Seveals (du moins) que la dame séust
> Que de sa mort *acheison* fust.

2

Demandé li a et enquis
Se fame aveit en sa meson
Qui de son mal fust *acheson*.
Le Chastoiement, cont. xi, v. 106 ; cont. ii, v. 46.

Achest, 224; *achetées*, 159, acquêts.

Acheterres, 128; *achateor*, 8, acheteur, acqué-
reur.

Li *achaterres* et li venderres devront... Et se
il ne plaisoit à l'*achateur* ou au vendeur....
Les Olim, t. II, p. 577.

Achoison, 13, 92, cause, motif, occasion.

Totes les foiz que une chose ou autre est
establie par loi, ce est bone *achoison* de jugier
les autres choses qui tendent à cel meisme
proufit.
Anc. trad. du Digeste, fol. 6 v°, c. 1.

Que ne déisse sanz demeure
Et le lieu et le tens et l'eure
Et l'*achoison*.
RUTEBEUF, II, 235.

Achosestes, 60, acquêts.

Acoillez, 59, 62 [*escoillez*], châtré.
Tant se sont laïens traveillié
Que Ysengrin ont *escoillé*.
Roman du Renart, v. 12338.

Acomeniée, 64, rendue commune.

Aconsit, 140, consent.

Acordement, 191, accord.

N'i pout aveir *acordement*
Ne par amiz ne par parent.
WACE, *Roman de Rou*, v. 7699.

A Naples tint son parlement ;
Si furent à *accordement*
De elz deffendre et lor païs.
GODEFROY DE PARIS, *Chron.*, v. 4134.

Acorostre, 133, accroître.

Actor, 63, celui qui intente une action en justice,
demandeur.

Acusement, 214, accusation, dénonciation.

Les choses qui sont appertes n'ont pas mestier
d'*accusement*.
TANCRÈDE, *li Ordinaires*, fol. 39 v°, c. 2.

Honeste coze est et bone à bailli qu'il ne suef-
fre pas que feme soit mise en prison por fas *acusement*.
BEAUMANOIR, *Coutumes du Beauvoisis*, I, 41.

En cest cas convenra-il par droit demander le
conseill et l'auctorité au prince por amender
l'*acusement* qui est faiz à tort.
Le Conseil de Pierre de Fontaines, p. 373.

Adecertes, 338, aussi, certes, sérieusement.
Si dist Deus *adecertes*....
Anc. trad. de la Bible, Genèse, I, 24.

Ael, 331, voy. *Aïeus*.

Afermé, 217, affermi.

Afetier, 321, construire, achever tout à fait.

Afiert, 49, *afert*, 303, convient, appartient, est
admis. *N'afiert pas bataille*, le combat judiciaire n'est pas reçu, admis.

Escondire *afiert* à laron.
Partonopeus, v. 3427.

Mais à consoil n'*afiert* bataille.
RUTEBEUF, I, 278.

Aforceor de femmes, 104, 323, ceux qui prennent
de force, qui violent des femmes.

Femme efforcier, si est quant aucuns prent à
force carnele compaignie à femme.
BEAUMANOIR, *Coutumes du Beauvoisis*, I, 412.

Agait, 289, [*Agais*], embûche, piége.
Plor de fame n'est fors *agait*.
Roman de la Rose, v. 13585.

Pis vaut encontre qu'*agais*.
Proverbes ruraux et vulgaus.

Mudres, si est quant aucuns tue ou fet tuer
autrui en *agait* apensé.
BEAUMANOIR, *Coutumes du Beauvoisis*, I, 412.

Ele li a tendu *aguez* ou en repost ou apertement.
Le Conseil de Pierre de Fontaines, p. 404.

Agarde, 292, avise, guette.

Agardera, 287, jugera, décidera.

Agoz, voy. *Esgoz*.

Aguet de chemin, 292, guet-apens. Voy. *Agait*.

Ahage, 46. Voy. *Aage*.

Ahaucier, exhausser, élever.

Aideur, 281 [*aidieres*], aide, auxiliaire.
Et conseillanz et *aidieres*.
Vos qui li estes *aideor*,
E maistre et amonesteor.
BENOIT, *Chron. de Normandie*, v. 39392, 17647.

Dist Gérars : Et Diex li vrais pères
Vous soit *aidière* et confortère.
Roman de la Violette, v. 1649.

Je de cest jour en avant serai ton féel *aideor*
et defendeor de ta persone.
Assises de Jérusalem, I, 29.

Aieus, 62, *aiol*, 62, aïeul, aïeule.

Ainçois, 311; mais, auparavant. Voy. *Ançois*.

> ...Victoire n'est mie en grant masse d'argent,
> N'en grant chevaucéures, ne grant plenté de gent,
> *Ainçois* vient dou Signeur qui maint ou firmament.
>> RUTEBEUF, I, 235.

> Il ne demandèrent mie qui doit aler avant ne
> qui emprès, mais qui *ainçois* pot *ainçois* ariva.
>> VILLEHARDOUIN, *Conq. de Constantinoble*, LXX.

Ansint, 339, *aissint*, 271, ainsi.

Ainz, 8, etc., avant, auparavant; mais, au contraire.

> Amis doit secorre autre *ainz* q'il an soit proié.
>> *Chanson des Saxons*, II, 97.

> Avarisce n'est pas hardie,
> *Ainz* est de paour toute estraite.
>> Jubinal, *Fabliaux*, I, 332.

Ainznez (li), 221, 232; *l'ainznée*, 234, né, née auparavant, l'aîné, l'aînée.

> Se vilenages vient à enfans en deschendant ou
> en esqueance, il n'i a point d'ainsneece, ains emporte autant li mains nés comme li *ains nés*.
>> BEAUMANOIR, *Coutumes du Beauvoisis*, I, 226.

> Li *ainsnés* de ces fils ot à non Joffrois..... et li
> mainsnés ot à non Guillaume.
>> *Hist. des ducs de Normandie*, p. 115.

Air (aler d'), 321, courir avec précipitation, avec impétuosité.

> Se sont *alé* entreférir
> Andui *de* mervillos *air*.
>> WACE, *roman de Brut*, v. 10300.

> *Va* tant comme il puet plus *d'air*.
>> G. GUIART, *Royaux lignages*, v. 5385.

Air, 93, voy. *Heir*.

Aire, 134, 140, sol, terrain.

> Fist l'empereres el paleiz faire
> Bancz à siege envirun l'*aire*.
>> WACE, *roman de Rou*, v. 8275.

> Miex vodroie gesir en l'*aire*
> Que ne l' fiance au saintuaire.
>> *Roman du Renart*, v. 9133.

Airemanz, 131, voy. *Erremanz*.

Airor, 77, voy. *Error*.

Ajuigie moie, 320, jugée, déclarée mienne.

Aléautet (il), *aléauta*, 212, il légitimait, légitima.

Alie, 314, allée.

Aliénée, 273, liée, engagée.

Alignagerai (bien me), 258, j'établirai bien ma filiation.

Allégament, 214, allégation.

Allors, 144, alors, tantôt.

> Cist ne sout *allors* où aler.
>> *Le Chastoiement*, cont. XIV, v. 145.

Aloe, 129, loue, prend à gages, à location.

> Nulle... ne doit *alouer* autrui aprentice ne autrui ouvrière.
>> *Le Livre des Métiers*, p. 81.

Aloemanz, 2, *aloement*, 170, location, louage, engagement.

Aloeor, 171 [*aloerres*], loueur qui prend à location, à gages.

Aloés, 122, loués, pris à louage, à gages.

> Cil qui est *aloez* à un an puet demander son
> loier de tout l'an.
>> TANCRÈDE, *li Ordinaires*, fol. 131 r°, c. 2.

Alors, 137, ailleurs, autre part, d'un autre côté.

Ambasseors, 350, délégués.

Amble, 122. Voy. *Emblée*.

Amenuiser, 344, diminuer, restreindre; *amenuiseront*, 336, restraindront.

> En lieu n'iert jà que ne nos muise,
> Toz tens noz droiz nos *amenuise*.
>> BENOÎT, *Chron. de Normandie*, III, p. 516.

Amenuisie, 12, amoindrie, diminuée.

> A nul honme ne doit sa droiture estre *amenuisiée*.
>> *Le Conseil de Pierre de Fontaines*, p. 504.

> Dignité n'est pas *amenuisiée* par adopcion, ainz est créue.
>> *Anc. trad. du Digeste*, fol. 10 v°, c. 1.

Amenuissement de chief, 250, déchéance d'état, perte de droits.

> *Amenuisemenz de chief* est muemenz d'estat.

> Il i a trois manières d'*amenuisement de chief* :
> li grans, et li moiens, et li petiz, selonc trois
> choses que hom a : Franchise, sa cité et sa mesniée. Se aucuns pert douc franchise et sa cité,
> et il retient sa mesniée tant seulement, ce
> est li granz *amenuisemenz de chief*; quant il
> pert sa cité, et il retient franchise, ce est li
> maiens; quant il retient franchise et sa cité, et
> sa mesniée tant seulement est muée, ce est li
> petiz.
>> *Anc. trad. du Digeste*, fol. 60 v°, c. 1; 61 r°, c. 2.

Ameuz, 71. Voy. *Esmeuz*.

Amne, 123, 130, âme, personne.

> Ço fud grant démustrance ke les *anmes* furent salvées devant Deu.
>
>   *Les quatre Livres des Rois,* p. 202.
>
>   Et qui est pour vous en hostage?
>   N'y a-il ame?
>   *Théâtre du moyen âge,* p. 241.

Amoilleré, 209, légitimée.

> Au mot *Amoillerer,* le Glossaire de Roquefort, I, 60, cite un passage du *Livre de Jostice et de Plet.*

Amonestation, 24, admonition, monition, ordre, avertissement juridique.

Amonesteor, 24, moniteur juridique.

Amonester, 71, 350, avertir, prévenir, annoncer, blâmer juridiquement.

Amont (*en*), 268, en remontant. Voy. *Avalant.*

Amorde (*ne s'*), 275, ne soit tenté, ne s'attache.

> Cil qui à cele ovre *s'amordent,*
> Se ne sunt gens qui riens ne vaillent.
>   *Roman de la Rose,* v. 4574.

Ampirier, 141, empirer, endommager.

Ancessors, 60, 118, 166, ancêtres, aïeux, prédécesseurs.

> Por remembrer des *ancessours*
> Li fez e li diz e li mours
> Deit l'en li livres e li gestes
> E li estoires lire as festes.
> Franc volons vivre et à honor,
> Si com furent no *ancissor.*
>   Waco, *Roman de Rou,* v. 1-4 ; *Roman de Brut,* v. 4041.
>
> Soiés preudonme et bon combatéour :
> Chascun remembre de son bon *ancesor.*
>   *Roman de Raoul de Cambrai,* p. 162.

Ançois, 31, avant, auparavant.

> Aiuz ne vit-on si dur ne avant ne *ançois.*
>   *Chanson des Saxons,* II, 117.

Andemantres, voy. *Dementres* (*en*).

Andui 76 [*andeus*], les deux, tous deux.

> *Andui* lor cuer esprenent d'une commune amour.
>   *Chanson des Saxons,* I, 222.

Anfrete (*trive*), 290, trève enfrainte, rompue.

Angin, 114, voy. *Engin.*

Annez fiz, 159, fils aîné. Voy. *Ainznez.*

Anpéchié, 309. Voy. *Empeechiez.*

Anprès, 37, voy. *Emprès.*

Anquerre, 33, voy. *Enquerre.*

Ansignemenz fere, 308, faire des signes, indiquer des moyens.

Ansint, 10, ainsi, de même. Voy. *Ausint.*

Ante, 227 [*antain*], tante.

> Nos meres, qui furent seurs germaines et de nostre dit oncle et *antes* de nostre dit cousin.
>   *Assises de Jérusalem,* II, 413.
>
> Je ne puis mie pranre à feme la mère à mon père adoptif, ne s'*antain.*
>   *Anc. trad. du Digeste,* fol. 256 r°, c. 2.

Antierce (*l'*) *por emblée,* 309, met en main tierce, séquestre comme volée. Voy. *Entierz.*

Anuisoit, 36, nuisait.

Aos, 210 ; *aol,* 60 ; *aole,* 226, aïeul, aïeule. Voy. *Aieus.*

Apaies, 89, désintéressé, satisfait, content.

> Vos dites moult bien, et je m'en tiens *apaié.*
>   *Assises de Jérusalem,* II, 432.
>
> Dessi adont que cil entour qui li vallés se soit aloués se tiegne *apaié* du vallet et de son service.
>   *Le Livre des Métiers,* p. 172.

Apareillie, 23, mise en état. *Cause apareillie,* cause préparée, instruite.

Apeau, 5 ; *apel,* 15, appel.

> Qui veaut faire *apeau* de murtre, il doit savoir que est murtre.
>   *Assises de Jérusalem,* c. 85.

Apelement, 5. Voy. *Apeau.*

Apelieres, 57 ; *apeleor,* 33, appelant, demandeur.

> L'amenderoit li *apelières* à la cort et à l'apelé.
> *Le Conseil de Pierre de Fontaines,* p. 291-292.

Apenséement, 36, avec réflexion, avec préméditation, après y avoir pensé.

> Li sages hardis, si est cix qui sagement et *apenséement* monstre son hardement.
>
> .... Et eu porroient moult de mal estre fet *apenséement.*
> Beaumanoir, *Coutumes du Beauvoisis,* I, 21, 369.

Apert (*en*), 284, ouvertement, publiquement.

> Li proverbes dist *en apert:*
> Cil qui tout covoite, tout pert.
>   Méon, *Fabl. et Cont. anc.,* III, 128.
>
> Li un des larrechins sunt en couvert et li autre *en apert.*
> Beaumanoir, *Coutumes du Beauvoisis,* I, 467.

Aperdue, 137, perdue.

Apersever, 146, apercevoir, voir.

Apertement, 64, 119; *apertemant*, 154, ouvertement, évidemment, publiquement.

Tu as fait cest ovre privéement , mais jo nve-
rai *apertement* devant tuz ces de Israel.
Les quatre Livres des Rois, p. 159.

En entent que jugemenz est fez par tricherie ,
quant en voit *apertement* que la justise est meue
par grace ou par haine, ou par loier.
Le Conseil de Pierre de Fontaines, p. 282-283.

Mais le siècle ont si enchantei
C'om n'oze dire véritei,
Ce c'on i voit *apertement*.
RUTEBEUF, I, 149.

Aperz, 278; *apert*, 28; *aperte*, 49, 69, 235, 293,
évident, évidente. *Force aperte*, force ouverte.

S'il treuve le meffet notoire et *apert*, il le pot
justicier selonc le meffet.
BEAUMANOIR, *Coutumes du Beauvoisis*, II, 376.

Que nus mestres ne puisse donner congié à
son varlet, se il ne treuve reson *aperte* par quoi
il le doit fere.
Le Livre des Métiers, p. 367.

Apeticemant de chief, 168, *d'atat* (*d'estat*), 134.
Voy. *Amenuisement*.

Apiau, 13; *apel*, 15, appel. Voy. *Apeau*.

La force d'*apel* est que toutes les choses doivent remaindre en l'estat en quoi eles estoient
quant li *apiaus* fu fez.
TANCRÈDE, *li Ordinaires*, fol. 116 v°, c. 1.

Ne quiert *apiaus* ne fausses lois,
Ains suit décrétales et drois.
Jubinal, *Fabliaux*, I, 289.

Apoié, 122. Voy. *Apaiez*.

Apoier, 321, appuyer.

Apresséemant, 9, expressément.

Aquerre, 302, 15, 339, acquérir, causer, produire.

Tel don ou teles convenences ne sont fetes fors
que por *aquerre* l'ayde des juges, et nus drois
ne doit estre vendus.
BEAUMANOIR, *Coutumes du Beauvoisis*, II, 18-19.

Quant cils jeunes roys vint à terre,
Moult s'entremist d'onneur *aquerre*.
G. GUIART, *Royaux lignages*, v. 190.

Ardoir, 305, brûler, incendier.

Li prevos de Paris doit faire *ardoir* la fause
ouevre.
Le Livre des Métiers, p. 251.

On vous devroit *ardoir* en cendre
Con larron qui emble par fosse.
Roman du comte de Poitiers, v. 512.

Arer, 135, labourer, cultiver.

Arer et laburer
Et en terre semer.
PHILIP DE THAUN, *Livre des Créatures*, v. 266.

Fai, beau sire, ta paiz crier,
Que li vilain puissent *arer*
E si la terre gaaignier (cultiver)
Que tu i aies recovrer.
BENOÎT, *Chron. de Normandie*, v. 14830.

Aret, 279, était. Voy. *Ert*.

Arière, 7; *arrières*, 110, 111; *çà arières*, 115,
147, 320, autrefois, jadis, le temps passé. *Res-
tablir arières*, rétablir, remettre en possession;
il conquiert arières, il acquiert plus tard.

Et est acordé que li mestre tendront les vallés
aus us et as coustumes qu'il les ont tenuz *çà en
arrièrez*.
Le Livre des Métiers, p. 65.

Il avint ou tans *çà arrière*.
Roman de la Manekine, v. 6985.

Arme, 29, 130, âme, personne. Voy. *Amne*.

Li cors s'estent, et l'*arme* s'en parti.
Ogier de Danemarche, v. 7780.

Quant l'*arme* iert partie dou cors.
RUTEBEUF, I, 118.

Ars, 48; *arse*, 279; *arsse*, 134; *art*, 171; brûlé,
consumé, e.

Com plus couve li feus, plus *art*.
Et si la fet ardoir en cendre;
Quant ele fu broïé et *arse*
Et la cendre par tot esparse.....
RUTEBEUF, I, 38, 79; II, 316.

Jà nus de vos n'iert pris ne atrapés
Que lués ne soit ocis et desmenbrés
Ou *ars* en feu, en carbons enbrasés.
Ogier de Danemarche, v. 8470.

Arson, 97, 348, incendie ; cas de haute justice.

E tant frauchise lur duna
Cume li dus en sa terre a :
Cil unt li muldre e li larrun,
Li rapt, l'humicide, l'*arsun*.
Poiz fist à Mantes un *arson*,
La vile mist tote en charbon.
WACE, *Roman de Rou*, v. 7469, 14209.

Sire, vées là Jehan qui a fet tel murdre, ou tele trayson, ou tel omicide, ou tel rat, ou tel arson, ou tele roberie.

BEAUMANOIR, *Coutumes du Beauvoisis*, I, 105.

Arsure, 279, incendie.

La flambe croist si el celier....
Grant est la pueur et l'*arsure*,
Et hydeus li embrasemenz.
G. GUIART, *Royaux lignages*, v. 4274.

Ascordement, 22, voy. *Acordement*.

Asint, 173, ainsi. Voy. *Ausint*.

Asoine, assoine, 113, voy. *Essoine*.

Asoluement, 14, absolument, impérativement.

Asos, 196; *asox*, 51, absous, acquitté, laissé en liberté. Voy. *Assodre*.

Assemblement de mariage, 203, 251, union conjugale. *Assembla (à li)*, s'unit à elle, l'épousa.

Mariages ne puet avoir force se cil qui *assemblent* ne s'i consentent.
Anc. trad. du Digeste, fol. 253 v°, c. 2.

Assener, 233; *asener*, 238, assigner, indiquer.

Je tel doins à tei et à tes heirs tel ou tels casaus, et les nome, ou tant de besanz *assenés* en tel leu.
Assises de Jérusalem, I, 218.

Le vendredi après la feste Seint-Vincent, liquel jour estoit *assené* audit mestre Mahy à ouïr droit sus les choses desus dites.
Le Livre des Métiers, p. 457.

Assent, 14; *asentement*, 27, assentiment, consentement, approbation.

Assent de parties font plaine loy.
Les Olim, t. II, p. 721.

Et par le comun *assent* de tous fu elheu messire Guy de Ybelin.
Assises de Jérusalem, II, 420.

Le conmun *assent* de tout le conmun du mestier.

Au mestier desusdit a deus preudommes... qui sont esleu par l'*assentement* du commun.
Le Livre des Métiers, p. 391, 56.

Assodre, 350, absoudre, libérer, acquitter.

Assoiez, 146, assis, établi.

Assint, 151, ainsi. Voy. *Asint*.

Atablison, 11. Voy. *Establissemenz*.

Ataindre, 280, 298, atteindre, convaincre en justice.

Atainz, 90; atteint, convaincu.

Se il nie, et il est *atains*, si doit-il quatre deniers.
Le Livre des Métiers, p. 198.

Atanche, 148. Voy. *Estanchier*.

Atandu, 142 [*estendu*], étendu.

Atat, 134, [*estat*], état.

Atempréement, 77, d'une manière tempérée, modérément.

Grant mestiers est que le larguece soit demenée sagement et *atempréement*.
BEAUMANOIR, *Coutumes du Beauvoisis*, I, 21.

Il le doit chastier *atempréement*... si que il ne le torment ne bate trop.
Anc. trad. du Digeste, fol. 97 r°, c. 2.

Atemprer, 57, tempérer, modérer, régler.

Atempré ont lor ire, si ont bon consoil pris.
Chanson des Saxons, I, 73.

Tes vilains ne puet contremander la semonse que tu li fez; mès s'il a essoigne, il le te doit nontier, et tu dois la semonse *atemprer* selonc son essoigne.
Le Conseil de Pierre de Fontaines, p. 17.

Atendent, 252, s'étendent. Voy. *Atandu*.

Atendre, 161. Voy. *Ataindre*.

Atenir, 204, 347, abstenir, soutenir.

Déleissier le plet est *atenir* soi de tot le plet que l'en avoit comentié à cort.
Le Conseil de Pierre de Fontaines, p. 282.

Cil qui a mains de quatorze ans se doit *atenir* de coumuns offices.
TANCRÈDE, *li Ordinaires*, fol. 2 v°, c. 1.

Atens, 13, voy. *Atains*.

Atochier, 63. Voy. *Tochier*.

Atoper, 134. Voy. *Estoper*.

Atot, 221, 231, 302 (*à tot*), à tost, avec.

Vos ki estes en la pousière, escoez-vos et si loez, car veez ci nostre Signor ki vient *à tot* la salveteit...

Il vient *à tot* oygnemenz, il vient *à tot* glore.
Sermons de S. Bernard, à la suite des *Quatre livres des Rois*, p. 531.

Je hai l'andoille *atot* la hart.
Roman du Renart, Supplément, p. 18.

Atraire, 168, 350, amasser, réunir.

Se li prent talens qu'il ajouste
Quanques pora de gent *atraire*.
Roman de la Manekine, v. 2080.

Atrampéement, 280. Voy. *Alempréement*.

Atrecier, 94. Voy. *Estreciez*.

Atrée (mener hiau par), 142, conduire les eaux dans un réservoir.

Atroit. Voy. *Estret*.

Aucion, 106; *auction*, 326, action, demande, poursuite judiciaire.

Aucit, 57. Voy. *Occis*.

Auctor, 214. Voy. *Actor*.

Aucuns, 9; *aucune*, 248; *aucune fois*, quelques-uns, unes ; quelquefois.

> Il est avenu *aucune fois* que *aucun* mauvez ou mauvèse en ont porté l'uevre à toute la laine.
>
> Se il avenoit que *aucuns* ou *aucune* fust plaintis de meffaçon de s'uevre...
>> *Le Livre des Métiers*, p. 390.

Aue, 63, eau.

Auge, 18 ; *augent avant ou plet*, aille, aillent en avant dans le procès, le poursuivent.

> N'i out vilain ne paisant
> Ne home nule arme portant
> Qui n'en *auge* Rou asaillir.

> Ne li aura mestier parage,
> Force, hautesce de lignage
> Qu'en eissil n'*aut* fors del païs.
>> Benoît, *Chron. de Normandie*, v. 1083, 159.

Auient, 340 (*oient*), entendent. Voy. *Oïr*.

Aüné, 12, réuni, rassemblé.

> Si lor a ses tresors livrés
> Dont il avoit mult *aüné*.
>> Wace, *Roman de Brut*, v. 7347.

> Or sont li chevalier tous ensamble *aüné*.
>> *Chron. de Bertrand du Guesclin*, v. 4157.

Ausint, 9, 18 ; *ausin*, 37; ainsi que, de même que ; *ausint tost*, 337, aussitôt.

> Ausi com à vielle fauvete
> Mauvès joer fesoit à li.
>> Méon, *Nouveau Recueil*, II, 43.

> Et autre chose seroit *ausin* se cil qui requiert les devant dites droitures, les requéroit en manière de desseisines.
>> *Le Conseil de Pierre de Fontaines*, p. 377.

Ausit com, 273, voy. *Ausint*.

Aut, 23, voy. *Auge*.

Autel, 27, 52 ; *autiel*, 25, tel, semblable, de même.

> Vous ne verrez jamès *autel*
> Comme il estoit ne si preudome.

Autele atente m'estuet fère
Com li Breton font de lor roi (Artus).
>> Rutebeuf, I, 307, 209.

Autresi, 228, 350 ; *autresi*, 95 ; *autresint*, 245, aussi, de même.

> Ele les metoit dalès li
> En tel manière et *autresi*
> Com geline ses poucins fait,
> K'ele norist sous l'éle et trait.
>> Rutebeuf, II, 396.

> *Autresi* à dos come à trousse, et *autresi* de laine.
>> *Le Livre des Métiers*, p. 283.

Autretant, 157, autant, l'équivalent.

> Mainte colée aveit rendue
> Le jor e prises *autretant*.
>> Benoît, *Chron. de Normandie*, v. 3862.

> *Autretant* vaut la convenance qui est fète par nuit com par jor.
>> *Le Conseil de Pierre de Fontaines*, p. 137.

Autretex, 59 ; *autretel*, 69 ; *autretiel*, 330, semblable, tout autant, de même.

> Et lendemain après devent revenir au champ et estre mis en *autretel* point come en celuy que il se partirent.
>> *Assises de Jérusalem*, II, 335.

> Rices dras ot Partonopeus
> Et li rois de France *autretels*.
>> *Partonopeus*, v. 10601.

> .... Tout en *autretel* manière
> Cum la pierre de l'aïment
> Trait à soi le fer soutilment
> Ainsinc atrait les cuers des gens
> Li ors qu'en donne et li argens.
>> *Roman de la Rose*, v. 1164.

Autroit, 129. Voy. *Ostroiast*.

Avainturiers, 121, accidents, cas imprévus.

Avalant (en), 227, en descendant.

> Drois se prent plus près de garder que riens n'isse de droite ligne de descendement, soit en montant, soit *en avalant*.
>> Beaumanoir, *Coutumes du Beauvoisis*, I, 238.

Avant (amené), 7, avancé, mis en avant, allégué, produit.

> *Amener avant* la chose est mostrer la en commun si que chascuns ait pooir de plédier encontre.
>> *Anc. trad. du Digeste*, fol. 132 r°, c. 2.

Avant (*faire venir*), 91, obliger à comparaître, à se présenter en justice.

Avenament, 271, convenablement, à l'avenant, proportionnément.

  Avenanment dona ostage.
    W*ace*, *Roman de Brut*, v. 9938.

Avenant, 152, convenable, à propos.

  Il n'est pas *avenant* chose que lais soit arbitres des choses à yglyses.
    T*ancrède*, *li Ordinaires*, fol. 8 v°, c. 1.

Avenant (*fere*), 234, 252, constituer, donner la légitime.

Avenaument, 506, voy. *Avenament*.

  Mult bel e mut *avenaument*.
    B*enoît*, *Chron. de Normandie*, v. 649.

Avenue, 241, 330; *avenues*, 231; *avenu*, 237, 251, héritage, succession.

Averseres, 20; *aversaire*, 78, adversaire, partie adverse.

  Boisdie et engin doit-on faire
  Por destruire son *aversaire*.
    W*ace*, *Roman de Brut*, v. 363.

Avocation, 273, défense, garantie, protection.

  Avocation est quant aucuns conte sa parole ou la son ami pardevant le juge ou pardevant celui qui est en son leu, ou quant il respont pour soi ou pour autre.
    T*ancrède*, *li Ordinaires*, fol. 14 r°, c. 1.

  Hors de se baillie pot-il (li baillis) aidier à cix à qui il li plet, soit en *avocation* ou en conseil.
    B*eaumanoir*, *Coutumes du Beauvoisis*, I, 35.

Avoé, 289, défenseur, garant, caution.

Avoemanz, 60; *avoemenz*, 59; *avoement*, 81; adoption, aveu, reconnaissance.

Avoeor, 61; *avoeur*, 62, adoptant.

Avoer, 59, 200, reconnaître, adopter.

  Mis pères avoe aucune à fille, mon père reconnait quelque personne pour sa fille.

Avoerie, 290, défense, protection, droit dû au seigneur à cause de sa protection.

  Cil qui dist qu'il a droiture d'*avoerie*....
    Conseil de Pierre de Fontaines, p. 376.

Avoez, 128; *avouez*, 60; *avoé*, *avoiez*, 81, adopté, adoptif.

Avoic, 291, 308, voy. *Avoé*.

Avoiement, 56, 200, aveu, déclaration.

  Et quant cort est ensemble por jugement ou por record faire ou por conseill ou por *avoiement*....
    Assises de Jérusalem, I, 410.

Avotiere, 69; *avotire*, 118, 156, 201, adultère.

  Avotires est fez en feme mariée, et péchié de char en veve, ou en virge, ou en valet.
  Livre de Jostice et de Plet, ms., fol. 192 r° et v°.

  Li crime de olerie (*houlerie*, maquerellage) tost à mari à accuser sa femme d'*avoutire*, car autresi est paine establie contre lui come contre sa fame.
    Livre de Jostice et de Plet, cité par Roquefort, au mot *Olerie*, *Glossaire*, II, 260.

  Ains sui de mon cors prodefame,....
  Jà n'oïstes-vous onques dire
  Que j'aie fait nul *avoutire*.
    Roman de la Rose, v. 16705.

  A ice tens que je vous di,
  Femme cui avenoit ainsi
  Que on prenoit en *avoutire*,
  Ele savoit mout bien sanz dire,
  Communément s'abandonoit
  Ou errant on la lapidoit,
  Et feisoit-on de li joustise.
    Roman du Saint Graal, v 3843.

  Roquefort fait, d'après Capperonnier, une autre citation du *Livre de Jostice et de Plet*, au mot *Avotire*, Gloss., I, 116.

Avoueur, voy. *Avoeor*.

Avoutre, 56; *avostres*, 104, *avotres*, 195; *avotresse*, 212, 323, adultère, adultérin. — *Avotre conscience*, conscience, sentiment de l'adultère.

  Li *avoltres* sont cil qui sont engenrés en femmes mariées d'autrui que de lor segneurs (maris), de homes mariés.
    B*eaumanoir*, *Coutumes du Beauvoisis*, I, 291.

  Li chastes, par t'iniquité,
  Sera *avoutres*.
    Roman de Mahomet, v. 162.

Bacheler, 178, 213; *bachelier*, 192, jeune homme.

  Si avient bien à *bacheler*
  Que il sache de viéler,
  De fléuter et de dancier :
  Par ce se puet moult avancier.
    Roman de la Rose, v. 2217.

Tant con je fui mescins et *bacheler*,
Et jovenchiaus el point de mes aés,
Très dont penai de mon signor amer.

Ogier, dist Kalles, ben vos i conbatés,
Mais de mon fil ne me vient pas à gré ;
Car il est enfes et jones *baceler*,
Si ne porroit les ruistes cops doner
Ne si grant paine soufrir ne endurer.

Ogier de Danemarche, v. 3593, 1560.

Bail, 59; *baill*, 221; *bal*, 90; *ball*, 221; *balle*, 58; *bau*, 60, tutèle, curatèle.

Li *baus* apartient au plus prochain du lignage as enfans.

Bail si est quant aucuns muert et il a enfans qui sont sous aagé et qui ne poent ne ne doivent venir à l'ommage du segneur de ce qui lor est descendu par reson de fief de lor pere ou de lor mere.

BEAUMANOIR, *Cout. du Beauvoisis*, I, 246, 244.

Au mot *Bal*, et à celui de *bau*, t. I, p. 125 et 139, le Glossaire de Roquefort cite deux passages du *Livre de Jostice et de Plet*, fol. 17 (117), v° et 109.

Bailler, 25 ; *baller*, 70, donner, remettre, déléguer.

Ne sorent la corone cui doner ne *baillier*.

Chanson des Saxons, I, 6.

Avoir le puet, por tant qu'il viegne au denier Dieu *baillier*.

Le Livre des Métiers, p. 17.

Baillie, 254, autorité, juridiction, garde.

Luces qui Rome a em *baillie*
Et de Rome la seignorie.

WACE, *Roman de Brut*, v. 10919.

Se je vous ai fet vilonie,
Ne sui-je en vostre *baillie* ?
Si me poez en prison metre.

RUTEBEUF, I, 323.

Ceaus qui les choses dou mort out en *baillie*.

Assises de Jérusalem, II, 135.

Banie, 177 ; *bannie*, 282, proclamation de ban, publication, criée ; droit de ban ou de publication. Voy. *Bans*.

Il a droiture d'avoerie ou de *banie*.

Le Conseil de Pierre de Fontaines, p. 376.

Li vallet doivent aler à la place devant dite sanz asamblée et sanz *banie*.

Le Livre des Métiers, p. 132.

Banie (*l'avoit*), 200, avait publié ses bans.

Banni, *benni* (*fut*, *furent*), 184, ses, leurs bans furent publiés.

Bans, 28 ; *ban*, 9 ; *banc*, 76, édit, ordonnance, proclamation.

Cest *ban* et cest establissement met li sires contre les tricheurs.

Le Conseil de Pierre de Fontaines, p. 159.

De Babiloine dessi en Baginois
Crie-on mon *ban* et cort li miens pooirs.

Ogier de Danemarche, v. 11161.

Roquefort, *Glossaire*, I, 146, au mot *Bennissement*, cite un passage du *Livre de Jostice et de Plet*.

Barat, 2, 168, tromperie, fraude, friponnerie.

Bone foi est contrere à *barat* et à tricherie.

Anc. trad. du Digeste, fol. 194 v°, c. 1.

Si n'est mie merveilles se le seignor après le punit, puis que il a fait si lait *barat* en court et encontre l'assise.

Les Assises de Jérusalem, I, 297.

Baraz et tricherie ne doit à nului valoir.

Le Conseil de Pierre de Fontaines, p. 249.

Je di que ordre n'est ce mie,
Ains est *baras* et tricherie
Por la fole gent decevoir.

RUTEBEUF, I, 164.

Barre, 31, 41, 79, 93, *proposer, mettre avant* ; exception, moyen dilatoire propre à retarder le jugement d'une affaire.

Toutes *bares* et toutes exeptions sunt dilatoires, par lesqueles les besongnes de quoi on plede ne sont pas fors à alongier.

BEAUMANOIR, *Coutumes du Beauvoisis*, II, 381.

Baudra, *baillera*, 240. Voy. *Bailler*.

Bau, voy. *Bail*.

Béanz (*lettres*) *à*, 17, lettres tendant à.

Becons, 55 [*bacons*], quartiers de cochon.

Uns *bacons*
Chéi sor moi o les jambons.

Méon, *Fabl. et Cont. anc.*, III, 353.

Bedeaus, 339; *bediaus*, 340; *bedels*, 339, officiers subalternes préposés à la police municipale, espèces de sergents de ville. Selon l'ancien *Coutumier*, c'étaient « les mendres sergents qui doivent prendre les namps et faire les offices qui ne sont pas si honnestes » (que ceux des sergents).

Tant i a prevoz e *bedels*

E tant bailliz viez e nuvels,
Ne poent aveir paiz nule hure.
>> WACE, *Roman de Rou*, v. 6011.

A tant vint li *bedeax* corant,
Qui aloit un larron querant.
>> Méon, *Fabl. et Cont. anc.*, II, 80.

Il fet venir les *bediaus* qui servent des genz destruire.
>> *Roman des Sept Sages*, p. 11.

Bée, 97, 214, pense, se dispose, tend à. Voy.
Béanz.
Cascuns *bée* à avoir, povretés est haïe.
>> RUTEBEUF, I, 238.

Bèlement, 73, doucement, avec douceur.
Les gens en issent *bellement*, à loisir.
>> *Garin le Loherain*, I, 240.

Belement vint au bacheler,
Se l' commença bel à parler.
>> Méon, *Fabl. et Cont. anc.*, II, 114.

Seignor, por Dieu, or *belement*,
Menez-me un poi mains durement.
>> *Lais inédits*, p. 51.

Beneesté, 180; *benéetes*, 184, béni, bénites, qui a
reçu la bénédiction nuptiale. Voy. *Benoit*.

Béneïçon, 420; *benoïçon*, 219, bénédiction.
Prestre n'i fist *béneïçon*,
Messe n'i ot, ne orison.
>> WACE, *Roman de Brut*, v. 7181.

De Deu ad perdu la *beneïçon*.
>> BENOÎT, *Chron. de Normandie*, III, 492.

Benoit, 199; *benoistes*, 220, béni, bénit. Donner
le sel bénoit, tenir sur les fonts baptismaux.
Coses sacrées, si sont celes qui sont *benoites*
et apropriées à fere le service nostre Segueur.
>> BEAUMANOIR, *Coutumes du Beauvoisis*, I, 164.

Beraigne, 192 [*brehaigne*], stérile, improductif.
Terre ert idunques veine
De tut en tut *baraine*;
Mais li reis cumandat
Que terre fruit dunat.
>> PHILIP DE THAUX, *Livre des Créatures*, v. 848.

Tout ensi se marieront
Et pluisour enfant naisteront…
Ensi la femme fruit fera,
Já nule n'i sera *brehaigne*.
>> *Roman de Mahomet*, v. 1822.

En guise de lionnesse, qui à la première fois a
cinc lionciaus, à la seconde fois quatre, à la
tierce fois trois, à la quarte deus, à la quinte
un, après est tousjours *brehaine*.
>> Ms. n° 7363, fol. 216, v° c. 1, Bibl. nat.

Beseaus, 227; *besaol*, 66; *beseol*, 228; *beseole*,
bisaïeul, bisaïeule.
Mes *besaiols* m'est el tiers degré de lignage en
montant.
>> BEAUMANOIR, *Cout. du Beauvoisis*, I, 295.

Bestorné, changé, altéré, corrompu, renversé.
Au mot *Bestourner*, Capperonnier, dans son
Glossaire sur Joinville, et le *Glossaire* de Ro-
quefort, I, 152, donnent un extrait du *Livre de
Jostice et de Plet*.
Si fu la chose *bestournée*
Et ala ce devant derrière.
>> Méon, *Fabl. et Cont. anc.*, II, 231.

Convoitise, qui fait maint avocas mentir
Et le droit *bestorner* et le tort consentir,
Les tient en sa prison.
>> RUTEBEUF, I, 243.

Biau m'en est, 288, 291, cela m'est avantageux, je
m'en rejouis.
Seinguors, dist-ele, *biau m'en est*.
>> *Roman des Sept Sages*, p. 38.

Vos n'en aurez jà contredit
De oul home que *biau m'en soit*.
>> *Roman du Renart*, v. 6182.

Ce me plest bien et moult *m'est bel*.
>> *L'Histoire du Châtelain de Coucy*, v. 648.

Bienfice, 81, 103, 337, bénéfice, avantage, privi-
lége.

Bienficiez en sainte yglise, 102, bénéficier, qui
jouit d'un bénéfice ecclésiastique.

Blef, 293, bleu.
D'or e d'azur, de inde e de *blef*
1 ont mainte bele ovre painte.
>> BENOÎT, *Chron. de Normandie*, v. 26077.

Bochier, 7 [*Bochiers*], boucher.
Et li *bochiers* méismemant
Done de sa char moult sovant.
>> *Lettre au direct. de l'Artiste*, p. 27.

Bogre, 13, 215, hérétique.
Li *bougres*, li parfez, icil qui riens ne croit,
Ne cuide pas qu'enfers ne que paradis soit,
Ne qu'il ait âme et cors.
>> *La Chantepleure*, dans RUTEBEUF, I, 402.

Bogresse, 13, hérétique. *Est tenue à bogresse*,
est regardée comme hérétique.

Bogrerie, 12, 215, hérésie.

Le *Glossaire* de Roquefort, 1, 162, au mot *Bogrerie*, contient un long passage du *Livre de Jostice et de Plet*.

Boisdie, 17, 322; *boidie*, 111, imposture, fausseté, dol, fraude, artifice, ruse.

Boisdie se devise (s'entend) de ce qui est fet contre la loi.

Le Conseil de Pierre de Fontaines, p. 496.

Cil fet *boisdie* à la loi qui garde les paroles de la loi et en mue la sentence.

Anc. trad. du Digeste, fol. 6 v°, c. 2.

Voir une citation du *Livre de Jostice et de Plet*, dans le Glossaire du *Joinville*, par Capperonnier, au mot *Boidie*.

Bones, 69; *bonnes*, 70, 149, bornes, limites, circonscription.

Se aucuns achate vin en terre franche, et il l'enmaine outre les *bones*, il doit le conduit devant devisé.

Il doivent autant de conduit s'il passent les *bonnes*.

Le Livre des Métiers, p. 309, 319.

La terre méismes partirent, (partagèrent)
Et au partir *bones* i mirent;
Et quant les *bones* i metoient
Mainte fois s'entrecombatoient.

Roman de la Rose, v. 9635.

Boivres, 337, boire.

Ne vert sauce, ne ail ne poivre,
Ne cervoise ne vin por *boivre*.

Roman du Renart, v. 13017.

Il n'est nus qui de celi (cette fontaine) boive...
Qui sa soif en puisse estanchier
Tant a le *boivre* dous et chier.

Roman de la Rose, v. 6008.

Borde, 130, cabane, maisonnette, chaumière.

Li roys Jouban à lui s'acorde
Sanz demander chastel ne *borde*.

G. Guiart, *Royaux lignages*, v. 2659.

Borc, 7, bourg, ville.

Là o estoient li champ et li maisnil,
Les beles viles et li *borc* seignori,
Croissent li bois, ronces et aubespin.

La Mort de Garin, v. 2939.

Bordeaus, 317, 343, bordels, lieux, réunions de débauche.

Bordeler, 104; *bordelière*, 274, bordelier, prostituée, qui fréquente, qui tient un bordel.

Si come se les femes estoient *bordelières* co-

munément, ou d'autres mauvais vices aperz.

Le Conseil de Pierre de Fontaines, p. 19.

Bordelerie, 281, débauche, prostitution.

Ne lynée de *bordelerie* ne entrera en la église de Dieu desques al disme génération.

Anc. trad. de la Bible, Deut., XXII, 2.

Bos, voy. *Bues*.

Bosdie, 104, voy. *Boisdie*.

Là leur fu plaine de *bosdie*,
De barat et de tricherie.

Robert, *Fables inédites*, I, 112.

Boter, 301, pousser, rudoyer.

Cil ki après vont lo *botent* et trabuchent.

Serm. de S. Bernard, à la suite des Quatre
Livres des Rois, p. 567.

Offilius dit que batre est o dolor, et *boter* [est] sanz dolor.

Phrase du *Livre de Jostice et de Plet* citée par
Roquefort, Glossaire, I, 176.

Boudie, 17, voy. *Boisdie*.

Bues, [*buef*], *bos*, 171, bœufs.

Marcheans qui vent et qui achate *bues*, se il n'est bouchiers de Paris, doit de chascun *buef* un denier de tonlieu.

Le Livre des Métiers, p. 317.

Là va li chars devant li *bués*.

Méon, *Fabl. et Cont. anc.*, II, 358.

Bufe, 309, soufflet, coups sur la figure.

A li grever mult sovent musent:
Ne l'estuet pas penser à trufes,
Batre la font et doner *bufes*.

Rutebeuf, II, 198.

Ceaux (*li*), 284, le ciel.

Celi, 11, ce, celui.

Cele (*sele*), 252, cabane, chaumière, réduit.

Celle, palès, chambre et sacraire.

Benoît, *Chron. de Normandie*, III, 527.

Celé (*en*), 145, 294, en secret, en cachette.

Tuit à *celé*, n'i ont noise ne cri.

Garin le Loherain, II, 203.

Et en apert et à *celé*.

Roman du Renart, v. 16719.

Privéement et à *celé*.

Wace, Roman de Brut, v. 4517.

Celéement, 309, secrètement.

Tu m'as amé *celéement*.

Roman du Saint Graal, v. 841.

....Blasmer ne doit (on) mie
Son ami effrontéement,

Mais seul à seul, *celéement.*
Li livres de Philosophie et de Moralité,
fol. 186 r° c. 3.

Cest, 46; *ceste,* 47, ce, cet, cette.

Cesti (de), 295, de ce.

Celui, 79, celui.

Ces, 249, ceux.

Ces qi l'occirrent voi à mes elx (yeux) venir.
Ogier de Danemarche, v. 7181.

Chaables, 83, 104, 283; *chables,* 279, 293, 295, contusion, blessure sans effusion de sang.

Le *Livre de Jostice et de Plet* (p. 293) en donne la définition en ces termes :

Chables si est cop blef (bleu) qui part (parait), don cuir n'est pas crevez : boce (bosse) de cop que l'an donne.

Et qui fait sauc ou *chaable* devant la joutice, il doit soixante sols d'amende et quinze sols ou ledi. (V. *Livre de Jostice et de Plet,* p. 281.)

Anc. coutume d'Orléans, citée par Roquefort, *Glossaire,* II, 72, au mot LÉDI.

Chaer, 257, échoir, arriver. Voy. *Chaoir.*

Chaète, 60, écheue, tombée.

Chaitiveté, 54; *chaistivoison,* 247, captivité, servilité. Voy. *Cheitivoisons.*

Chalengier, 271, voy. *Chalongier.*

Chaloir, 65, importer.

Cis est riches qui bien se set chevir de sa povreté; car cil qui peu a et li souffit n'est mie povres, mais cis qui plus convoite l'est, qu'il n'a cui il ne souffist; car que peut *chaloir* combien il ait d'avoir quant il ne conte mie ce qu'il a aqui, mais ce qu'il bée à aquerre.
Proverbes Seneke le philosophe.

Chalonge, 128, 350, requête, demande en justice, revendication, retrait lignager.

Chalongée, chalongie, 271, revendiquée, réclamée.

Non pas seulement une chose puet estre *chalongiée,* mès tot un monciaux de bestes.

[Non pas soulement unes choses puest estre chalongiées, mès tot un monciau de bestes.]
Livres de Jostice et de Plet, cité par Roquefort, *Glossaire,* I, 232, au mot CHALANGER.

Chalongier, 128, demander en justice, actionner, revendiquer, demander le retrait lignager.

Aucun[s] puet *chalongier* ou par especiaus

demandes, ou par devant le prevost... s'il n'i a point [joint] autre cause.
Livres de Jostice et de Plet, cité par Roquefort, *Glossaire,* I, 232, au mot CHALANGER.

Chalongierres, chalengeor, 128, demandeur, celui qui réclame le retrait liguager.

Un homme acheite [achate] une meison [meson], l'en dit que cil qui sont parant au vandior [vendeor] de lignage de cel [cele] partie dont [dou] la chose muet, ara [aura] la chose partant [par tant] comme de coste, dedans l'an et [o le] jor.
Livres de Jostice et de Plet, cité par Roquefort, *Glossaire,* I, 233, au mot CHALENGEOR.

Chamberiers de France, 317, grand trésorier.

Chaoir, 48, cheoir, tomber, venir, arriver. *Riens ne li chiet,* rien ne lui arrive.

Tel cox me feri lez l'oreille,
Chaoir me fist, voille ou ne voille.
Roman du Renart, v. 8703.

Chape, 292, manteau.

Sa *chape* osta, pert ses genz cors.
Tristan, v. 4386.
Une *chape* à pluie afubla,
De suz la *chape* se fist ceindre.
WACE, *Roman de Rou,* v. 7180.

Charoi, 308, charme, sortilége.

Mais gart que jà ne soit si sole.....
Que jà riens d'enchantement croie,
Ne sorcerie ne *charroie...*
Ne magique, ne nigromance.
Roman de la Rose, v. 14597.

A icest jor (la Circoncision) suelent li malvais crestien, solonc le costume des paiens, faire sorceries et *charaies,* et par lor sorceries et par lor *caraies* suelent espermenter les aventures qui sont à venir.
MAURICE DE SULLY, *Sermons,* ms., p. 18.

Charrière, 142, carrière, voie, route, chemin de charroi.

Il a différence entre erre et *charrière,* quar erre est par quoi l'en puet aler à pié et à cheval sanz plus : *charrière* est par quoi l'en puet amener char ou charrete.
Anc. trad. du Digeste, fol. 105 bis r°, c. 2.

(Et) s'en fuit par une *charrière;*
Por cent mars ne tornast arrière.
Méon, *Fabl. et Cont. anc.,* III, 419.

La seconde manière de voie qui fust fete, si fu de huit piés de largue, et l'apel-on *cariere.*

Beaumanoir, *Coutumes du Beauvoisis*, I, 357.

Chartrener, 122, charretier.

Chastée, 194, 202, chasteté.

Chasteez est unes vertuz qui chace arriére toute luxure par atrampement de raison.

Ms. 198, *Suppl. fr.*, fol. 383 r°, c. 2.

Chastelerie, 22 ; *châtelerie*, 21, châtellenie, ressort de la justice du seigneur châtelain.

Il convendra que il achate le dit mestier du roy ou de son lieutenant, souz la jurisdicion que il soit en la *chastelerie* de Paris.

Le Livre des Métiers, p. 91.

Chatel, 116, capital, argent. Voy. *Chetiex.*

Chatiex est ce que aucuns espargue ou qu'il desert par son servise que l'en li done.

Anc. trad. du Digeste, fol. 176 r°, c. 1.

Et si seroit ostés li ovriers d'entour lui, quar autrui *chatel* ne doit-il tenir.

Le Livre des Métiers, p. 167.

Et qui lor engressent les pances
D'autrui *chatels*, d'autrui substances.

Rutebeuf, I, 189.

Chavaistre, 239, licou.

Cordier de Paris si sont quite pour les *chavestres* que il doivent aus soumiers lou Roy.

Le Livre des Métiers, p. 291.

Et queil jument il usoit estiment d'un *chevestre* por frain, et d'unes peals de moltons por la sele.

Dialogues de S. Grégoire, ms., fol. 65, v°.

Chée (il en), 92, il succombe, il est condamné. Voy. *Enchiet.*

Cheez, 69, *chées, cheste*, 239, cheu, e, tombé, e. Voy. *Chaoir.*

Cheitivoisons, 247 ; *chestivoisons, chetivesons*, captivité.

Il sont fet serf en II manières : ou par le droit aus gens, si conme quant il sont pris de guerre et mené en *chetivoison*.....

Le Conseil de Pierre de Fontaines, p. 499.

Chenoine, 24 ; *chesnoine*, chanoine.

Se Dex m'a fait si grant signeur

Ke *chenoinnes* soie d'esglise....

Rutebeuf, I, 446.

Cherniers, 141, échalas.

Chetiex, 151 ; *chetiés*, 168 ; *cheté*, 100 ; *chetel*, 83, 342, cheptel, capital, bien, meubles.

Nus ne puet prendre aprantiz se il ne le met en œvre de son propre *chetel.*

Le Livre des Métiers, p. 174, note.

Nus n'a bien s'il ne le compere :
Si aime l'en miex le *cheté*
Quant l'en l'a plus chier acheté.

Roman de la Rose, v. 2610.

Cheus, tombés. Voy. *Chaoir.*

Chevauchie à armes, 280 ; *chevauchées par armes*, 317, expédition à main armée.

Chevaus (mis) 322, cheval (de ton).

Il doit deus deniers de tonlieu pour chascun *cheval*, se li *chevaus* est vis.

Le Livre des Métiers, p. 316.

Chies (ses) sires, 258, son seigneur.

Chiés, 33 ; *chief*, chef, souverain.

Car puis que li *chiés* faut, il convient par droiture
Les membres par desous traire à desconfiture.

Rutebeuf, I, 436.

Chiet, 79 ; *chie*, tombe, réussit. *Se tu chiet en bau*, si tu es poursuivi, condamné.

De pou de pluie *chiet* grant vent.

Jubinal, *Fabliaus*, I, 311.

Chous, 141, creux, cavité.

Cies (par) que, 159, parce que.

Cil, 3 ; *cet*, 61, celui.

Cil qui tort a se doit humilier.

Ogier de Danemarche, v. 9445.

Cil, 60 ; *cels*, 69 ; *celx*, ceux, ceux-là.

Cil sont si (ses) home, ne l'osèrent laissier.

Ogier de Danemarche, v. 5377.

Ke ne l' séust ne *cil* ne *cele*,
Kar merveilles honteuse estoit.

Rutebeuf, II, 365.

Cist, 288, ce. *Cist meismes ordres*, 346, ce même ordre.

Trop est prodou *cist* Danois au vis fier.

Ogier de Danemarche, v. 4703.

Citéenne (cause), 212, cause civile.

Clains, 346, [*Claim*] plainte. Voy. *Clameur*.

Quant li *clains* est fes, li quens doit contraindre le partie à connoistre ou à nier.
BEAUMANOIR, *Coutumes du Beauvoisis*, I, 467.

Clamons, 94, appelons, qualifions.

Clamor, clameur, 69, 278, 279, 347, plainte, demande en justice, dénonciation.

Li mestre marischaus a la joustice.... de touz
les forfais apartenans à leur mestiers, fèvres à
autre, et de toutes les *clameurs* qu'il i font li
uns seur l'autre.
Le Livre des Méliers, p. 46.

Clein, 332, plainte. Voy. *Clains*.

Clers, 50, 338, membres du clergé, lettrés.
Nous sommes *cler*, si devons Dieu servir.
Garin le Loherain, I, 7.

De Rains estoit, bons *clers* est et letrés.
Ogier de Danemarche, v. 9195.

Coart, 114, couart, craintif, timide.
Quant il furent asamblé ne sont si à eschars
Qu'il n'i ait xxx rois, que hardiz, que *coars*.
Chanson des Saxons, I, 96.

Cochanz et levanz en sa terre, 312, domiciliés en
sa terre, colons.

Cochia, 202, corrompit, souilla. Voy. *Conchie*.

Cochiement, Cochiement, 93, voy. *Conchie-*
mant.

Coicier, 296, 298, injurier, maltraiter de paroles.
Coicier si est dit de boche et de paroles quant
aucuns *cuice* un autre, et dit tex paroles hors
justice : Tu es ribauz et larron ou tricherres, ou
que une feme est putain....

Voy. *Glossaire* de ROQUEFORT, *Supplément*,
p. 82, l'exemple unique de ce mot emprunté au
Livre de Jostice et de Plet.

Coilli, 135, cueilli, recueilli, récolté.

Coinsiguance, 231. Voy. *Consigance*.

Cointemant, 10, habilement, ingénieusement.
Mais qui d'amer se vuelt pener,
Il se doit *cointement* mener.
Roman de la Rose, v. 2143.

Coisinance, 253. Voy. *Cosinage*.

Coisins, 229, 231, cousin, parent. Voy. *Consins*.

Coissinance. Voy. *Conségance*.

Coiliver, 271, cultiver.

Colées (*dona cos et*), 288, donna coups et ho-
rions.

A un chevalier anglois donna telle *colée*
Que gorgière ne camail ne li valu riens née.
Chron. de Bertrand Du Guesclin, var.
aux vers 4623-4625.

Mult lor donoient granz *colées*,
Or des lances, or des espées.
WACE, *Roman de Brut*, v. 12256.

Colpes, 73, fautes, délits, crimes.
Se li sers s'en est foïz et ce n'est pas es *colpes*
à celui qui l'achata, il n'en paiera riens.
Anc. trad. du Digeste, 148 v°, c. 2.

Commerz, 200, commères, compères.

Commisse, 95, remise.

Compainz, 120 ; *compeinz*, 106 ; *compagnon*,
140, compagnon, complice.

Li *compainz* le te pot deffendre.... Tu n'as
poer de édifier contre la volenté ton *com pai-*
gnon.

Li *compainz* à mon *compaignon* n'est pas mes
compainz.
Anc. trad. du Digeste, fol. 194 v°, c. 1.

Qui de tout a envie,
Mauvaise compagnie
Fait à son *compaignon*....
N'est pas droiz *compainz*
Qui tout veut avoir.
Proverbes et Dictons populaires, p. 173.

Comparer, 93, payer, être puni, expier.
Chier le vous ferai *comparer*.
Roman du Renart, Suppl., p. 300.

Comment k'il me tourt à grevance,
Je doi bien *comparer* tel fais.
Roman de la Manckine, v. 6756.

Concevement, 209, conception.
Plus virge après l'enfantement
Que d'avant le *concevement*.
BENOIT, *Chron. de Normandie*, v. 24061.

Conchie, 6, fausse, trompe, surprend, souille.
..... Luxure nostre amie,
Qui toz les deçoit et *conchie*.
BENOIT, *Chron. de Normandie*, III, 515.

Orgueil touz biens *conchie* et soille.
RUTEBEUF, II, 322.

Conchiemant, 276, *conchiement*, 208, [*conchiemens*], tromperie, surprise, souillure.

> Toutes (les femmes) plorent et plorer seulent
> En tel guise cum eles veulent ;
> Mès hom ne se doit jà movoir
> S'il véoit tex lermes plovoir
> Ausinc espès cum onques plut,
> C'onc à fame tex plor ne plut,
> Ne tex dians, ne tex marrimens,
> Que ce ne fust *conchiemens*.
>> *Roman de la Rose*, v. 13577.

Conchierres, 76, imposteur, trompeur, corrupteur.

Concire, 233, conseil, délibération.

> A Meleunz en France tiut li reis son *concire*.
>> WACE, *Roman de Rou*, v. 4727.

> Adunc en a dit et retrait
> Chascuns le mieuz qu'il en sout dire :
> Mult out esté grant le *concire*.
>> BENOIT, *Chron. de Normandie*, v. 10610.

Conduction, 13, 56, 66, 89, condition, location.

> Presque tuit li marchié ont esté establi par le droit aus gens, si conme achas et ventes, loages, *conductions*, conpaingnies....
>> *Le Conseil de Pierre de Fontaines*, p. 475.

Confermemant, 39 ; *confermement*, 29, sanction, confirmation, ratification.

> Les lois sont saintes, quar eles sont apuiées par *confermement*, et la chose qui est apuiée par *confermement* est sainte, et non pas sacrée.
>> *Anc. trad. du Digeste*, fol. 11 v°, c. 1.

> Il fist un establissement
> Et si en fist *confermemant*.
>> WACE, *Roman de Brut*, v. 2333.

Confès (*il s'en fit*), 203, il le confessa, l'avoua.

> Sire, fet-il, si sui venuz ;
> *Confès* voil estre et absolus.
> Li hermites lui ottroia.
>> *Lais inédits*, p. 17.

Congié, 51, 270, autorisation, permission.

> Nus potier ne puet conmencier le mestier de poterie à Paris sans *congié* des mestres.
>> *Le Livre des Métiers*, p. 191.

> Grans perix est d'entrer en autrui manoir par nuit, sans le *congié* et sans le seu de celi à qui li manoirs est.
>> BEAUMANOIR, *Coutumes du Beauvoisis*, II, 108.

Conoistre, 293, reconnaitre, avouer ; *conoist*, 292, avoue ; *conoistra*, 287, avouera.

> Prant li mestres de ceus qui *connoissent* ausi bien como de ceus qui nient.
>> *Le Livre des Métiers*, p. 13.

Conquiert, 147, acquiert ; *conquiert arières*, réacquiert, acquiert plus tard.

Consail, 264 ; *consoill*, 337, conseil. Voy. *Consauz*.
> Qui bien vuet esploitier, plus sage *consoil* praigne.
>> *Chanson des Saxons*, 1, 63.

Consauz, 116, *conseau*, 59 ; *conseuz*, 264 ; conseil, avis, protection.

> Ti oel doivent aler devant tes pas, c'est-à-dire tes *consaus* doit aler devant l'oevre.
>> *Proverbes Seneke le philosophe*.

> A ce *conseil* sunt acordé
> Tout li josne et tout li barbé :
> Cist *consauz* est donnez par sens.
>> *Roman du Saint Graal*, v. 661.

Conségance, 231 ; *consigance*, 256 ; *consiguance* (*en*), 219 ; *consinance*, 256 ; *consinence*, 236 ; *consinance*, 251, consécutivement, successivement.

Consentierres, 315 ; *consenteur*, 281, consentant, adhérent.

> Car cors ne puet estre péchierres
> Se li cuers n'en est *consentierres*.
>> *Roman de la Rose*, v. 8669.

Consignance, 62, voy. *Cosinage*.

Consins, 61, cousin, parent.

Contançon, 25 ; contestation, querelles, procès.

> Mult fugrant la despoteison (dispute),
> Et tant dura lor *contençon*.....
>> BENOIT, *Chron. de Normandie*, v. 25674.

Contenz, 20 ; *content*, 7 ; *contanz*, *contant*, 211 ; *contens*, 32, débat, discussion, procès.

> Assez en a duré le plait,
> E li *contenz* e li estris.
>> BENOIT, *Chron. de Normandie*, v. 25731.

> Sout tenu li mestre de fère escrire la convenance et de garder l'escrist devers aus, si que se *contens* est entre les parties, que par ce puise estre seeue la vérité.
>> *Le Livre des Métiers*, p. 83.

Contençoit, 43, discutait. Voy. *Contens*.

Contradiseor, 41 ; *contrediseor*, contradicteurs.

Contraignemanz, 346, contrainte.

> Toz li *contraignemenz* que li arbitres puet fere apartient au juge ordinaire.
>> TANCRÈDE, *li Ordinaires*, fol. 10 v°, c. 1.

Contredit, 45, contradiction, opposition.
Contredit (*jugement*), 33, jugement contradictoire.

Contremanz, 316, 347; *contremant*, excuse proposée pour faire remettre l'ajournement à un jour certain.

Il a grant difference entre *contremant* et ensonniement, car en toutes quereles où il quiet *contremans*, on en pot penre trois avant qu'on viengne à court.

    Beaumanoir, *Coutumes du Beauvoisis*, I, 65.

Contreval, 267, en contre-bas, en aval.

Fruiz qui vient par iaue en grenier, contremont ou *contreval* l'iaue.

    Le Livre des Métiers, p. 333.

I qartier en abat *contreval* eu l'erbois.
Li branz est avalez *contreval* le hernois.

    Chanson des Saxons, II, 161.

Convenance, 100, convention, consentement.

Li nons de *convenance* est générals à touz les marchiez en quoi les parties se consentent.

    Anc. trad. du Digeste, fol. 26 r° et v°.

Toutes *convenences* font à tenir, et por ce dit-on : *Convenence* loi vaint.

    Beaumanoir, *Coutumes du Beauvoisis*, II, 2.

De totes les choses dont en puet fère *covenance* se peut-on apaisier par concorde.

    Le Conseil de Pierre de Fontaines, p. 132.

Convenanz, 77; *convenant*, 29; *covenenz*, 48, convention, traité, marché, consentement.

Covenanz est consentemenz de deus ou de plusors en une meisme chose.

    Anc. trad. du Digeste, fol. 26 r°, c. 2.

Les varlets ont en *convenant* à leurs maistres qu'ils les serviront bien et bel.

    Le Livre des Métiers, p. 397.

Convent, 48, 89, 191, convention, traité. *Avoir convent*, avoir fait la convention, la promesse, être convenu. Voy. *Convenanz*.

Nous avons à enqui *convent*
Que nous irons à nostre jor.

    Rutebeuf, I, 325.

Convenuz, 19, décidé, résolu, arrêté.
Converse, 44, habité, demeuré.
Conversement, 73, habitudes, relations.
Cope, 89, 282, 341, faute, manquement. Voy. *Colpe*.

Corages, 100; *corage*, 162, 253, humeur, volonté, intention.

Si lor mostra sa volunté
E son *corage* e sun pensé.

    Benoît, *Chron. de Normandie*, v. 27147.

Quant il sunt pris par nuit,... il apert qu'il y vont por *corage* d'embler.

    Beaumanoir, *Coutumes du Beauvoisis*, I, 456.

L'enfermeté dou *coraige* n'escuse pas les meurs des homes mauvais.

    Le Conseil de Pierre de Fontaines, p. 99.

Cordouaniers, 12, cordonniers.

Quiconques veut estre *cordouaniers* à Paris, il convient qu'il achate le mestier du roy.

    Le Livre des Métiers, p. 227.

Corone, 32, 327, tonsure; *font corones*, se font tonsurer.

Il n'afiert pas à clerc qu'il vest robe roiée, ne qu'il soit sans *coronne* aparaut de clerc, puisqu'il a eu *coronne* d'évesque.

    Beaumanoir, *Coutumes du Beauvoisis*, I, 173.

Corone fist, si se tondi
Come moines rés et tondus.

    Wace, *Roman de Brut*, v. 8462.

Biau sire Rrun, é! qar me dites
Se iestes moines ou ermites,
Et se messe chanter savez
Qant vos si grant *corone* avez.

    Roman du Renart, v. 13867.

Dont clerc ne s'apeleront mie,
Car il leur seroit vilonnie
En *couronne* mener charrue.

    Rutebeuf, I, 449.

Corpables, 264, intimé, défendeur.
Corporex (*choses*), 63, choses corporelles.

De par les *corporex* sustances.

    Roman de la Rose, v. 8174.

Corra, 105; *corgent*, 70, aura cours, sera reçu, admis, courent, aient cours; *droites mesures corgent*, mesures légales, justes, aient cours. Voy. *Droite*.

Corre, 91; *corre en la cause*, être poursuivi en la cause.

Cort laie, laye, 102, 346, cour séculière.

En la *court laie* pran un pou d'espérance,
En *cort* des clers n'aient jà jor fiance,
En nus prélas nule bonne attendance.

    Proverbes ruraux et vulgaus.

Cortiz, 135, verger, jardin , enclos.

    Moult i ot de bones cerises,
    Et plusors fruiz de maintes guises;
    Pomes i ot et autre fruit.....
    Cest *cortil* fut mult très-bien clos.
              Roman du Renart, v. 1285.

Cos, 288, coups, voy. *Colées*.

Cosinage, 2, fraternité, parenté.

    Cosin Renart, dist Chantecler,
    Nus ne se doit en vous fier;
    Dahez ait vostre *cosinage* !
              Roman du Renart, v. 1705.

Costel, 290, 297, couteau.

    A tel *coustel* tel gaîne.
              Proverbes ruraux et vulgaus.

Costure, 137, culture, champs cultivés.

    Une jument vit en un pré
    Où ele pessoit près d'un blé;
    Li Leus s'en va grant aléure
    Droit au jument par la *costure*.
              Roman du Renart, v. 7533.

Cote, 343, cotte, jupe; vêtement qui était commun aux hommes et aux femmes.

    Jugié est que Colet Boisfumel devra gésir en ostage quarante jours, et après venir au premier jour de plait en jugement, en sa *cote*, deschaint et nu chief, et prier humblement mercy.
              Les Olim, t. II, p. 777.

    Iert-ele povrement vestue,
    Cote avoit viés et desrumpue.
              Roman de la Rose, v. 207.

Coter, 76, coûter.

Coupe , 94 , voy. *Colpes*.

    Ma *coupe* conois et ma faille.
           Benoît, *Chron. de Normandie*, v. 27049.

Couvers, 114, voy. *Cuvers.*

Créanciers, 329, débiteurs.

Cremuz, 318, craint, redouté.

    Des uns amez, des unz *cremuz*.
          Benoît, *Chron. de Normandie*, III, 468.

Créroient, 11, créditeraient, vendraient à crédit.

Crestine, 47, scrutin.

Cretine, 94, crue, débordement de rivière.

    Se li leus par quoi voie ou charrière estoit deue à aucun est anoientez par *cretine*, et force d'eue...
          Anc. trad. du Digeste, fol. 111 r°, c. 2.

    L'ewe iert desrivée et créue,
    Onques si grans ne fu véue....
    Tout contreval o la *cretine*
    S'en va li mulons de ravine.
           Roman du Renart, Supplément, p. 7.

Croire soi, 120, se confier, faire crédit, prêter.

    J'ai vescu de l'autrui chatei
    Que hon m'a *créu* et prestei.
              Rutebeuf, I, 1.

    L'autr'ier estoit si povres, c'est vérité provée,
    Ne li *créust* de pain un boulengier denrée.
            Jubinal, *Fabliaux*, I, 140.

Crois, 58; *croiz* (*li*), 321, croissance, produit; surcharge, accroissement.

Croit, 118, fait crédit, prête. *Croit deners*, prête de l'argent, voy. *Croire.*

Cruex, 57, cruel.

Cuers, 295; *cuer*, 293, cuir, peau.

Cuide, 202. Voy. *Cuidier*.

Cuidence, 209, croyance.

Cuidier, 208, croire, penser.

    Croire si est entendant plus que *cuidiers*, et mains que savoir.
        Dialogues entre le père et le fil, ms.,
           fol. 349 v°, c. 1.

Cuillete, 271, *cuillaites*, 340; cueillette, récolte, impôt, contribution, perception.

Cuilli, 2, recueilli, colligé, extrait, tiré.

Cure, 53, soin, charge, fonction.

    Chascuns pense du cors et de l'âme n'a *cure*;
    Or sachiés que li monde est en grant aventure.
             Rutebeuf, I, 233.

Cuvert, 103; *cuverte*, 54, 197, serf, serve; affranchi.

    Mors fait de franc home *cuivert*,
    Mors acuivertist roi et pape.
         Vers sur la Mort, str. xxx.

    Mes *cuvers* est et mes sers cavagiés,
    Et cascun an me doit quatre deniers
    Noient d'argent, mais tot crent d'or mier.
    Callos fu mult corochiés et iriés;
    Voit le Danois, si l'a contralié:
    Ogier, dist-il, fel *quvers* renciés,
    Sers de la teste rendans quatre deniers,
    Eu une borse de serf seront loié :
    Ce doit vos pères le mien qui France tient;
    Soient pendu au col d'un blanc lévrier,

Si li envoie à Rains ou à Orliens.
>Ogier de Danemarche, v. 3660, 1489.

Voir dans ROQUEFORT, *Glossaire*, I, 334, une longue citation empruntée au *Livre de Jostice et de Plet*.

Cuvertage, 2, servage, servilité.

Que qui est nez de franche mere, ne doit pas estre mis en *cuvertage*.
>*Livres de Jostice et de Plet*, cité par Roquefort, *Glossaire*, I, 334.

A *cuvertage* nos velt trestout mener,
Et mon lignage velt aussi vergonder.
>*Ogier de Danemarche*, v. 4497.

Dablée (la), 171 ; *dablie*, 271. Voy. *Desblée*.

Le *Glossaire* de Roquefort, I, 335, à ce mot, cite un passage du *Livre de Jostice et de Plet*.

Dampnable, 289, condamnable.

Dampnacion, 113, condamnation.

Dampne, 4, condamne, blâme, punit.

Dampnez, 12, 94 ; *dampné*, 13, condamné.

L'en puet plédier sanz conmandement pour la deffense à celui qui est *dampnez* à mort.
>TANCRÈDE, *li Ordinaires*, fol. 17 r°, c. 1.

On ne puet pas entendre que cil soit *dampnez* de larrecin... qui, por ce qu'il avoit pris plus que cil ne devoit par non de creuz, fu condampnez par le prévost à rendre au doble ce qu'il avoit receu plus qu'il ne devoit.
>*Le Conseil de Pierre de Fontaines*, p. 78.

Dampnement, 106, condamnation.

L'en apele sus leur *dampnement*.
>TANCRÈDE, *li Ordinaires*, fol. 116 v°, c. 2.

Par vos faites voz jugemens,
Qui sera vostres *dampnemens*.
>RUTEBEUF, I, 119-120.

Danrées, 11, marchandises vendues en détail, pour un denier (denerée).

Et por ce qu'el vuet que li povres i puist ausi bien avenir cbume li riches, ele me dist que j'en feïsse *danrrée* ; car teiz a un denier en sa boree qui n'i a pas cinq livres.
>RUTEBEUF, I, 257.

Vandre li estuet par *danrées* ;
Genz en ont de maintes contrées.
>*Lettre au directeur de l'Artiste*, p. 16.

De vins et de boches y avoit grant meslée...
Telz en vendoit deus sous, qui en faisoit *denrée*.
>*Chron. de Bertrand du Guesclin*, v. 1949.

Darrenier, 79 ; *darreners*, 257 ; *darien*, 350, dernier. Voy. *Derrenier*.

Li premiers issuz estoit fors,
Et retornoit li *darreniers*.
>RUTEBEUF, I, 43.

Dé, 61, Dieu. Voy. *Dex*.

De par *Dé*, de par Dieu ; *por amor Dé*, pour l'amour de Dieu, par charité.

Qui est-ce, fait-il, *de par Dé!*
>*Roman du Renart*, Supplément, p. 274.

Li baron dient : Sire, merci *por Dé!*
>*Ogier de Danemarche*, v. 10770.

Por le grant *Dé!* quel mautalent
Vous a fet estre si dolent.
>*Théâtre au moyen âge*, p. 140.

Décevance, 114, déception, tromperie. Voy. *Déçoivement*.

L'en ne doit pas metre fil ne coton aveques soie, pour ce que c'est *décevance* à ceus qui ne s'i connoissent.
>*Le Livre des Métiers*, p. 193.

Erreurs, *dechevance* u decevemens.
>*Glossaire du XVe siècle*.

De chief, 18, derechef. Voy. *Derechié*.

Dechastée, 134, déchue, tombée, ruinée.

Décirié, 319. Voy. *Désirer*.

Déclarement, déclaration, édit.

Déçoit, 6 ; *deceuz*, 4, fausse, trompé, surpris.

Renart a non li desfaez :
Toz nos *déçoit* tos nos engigne.
>*Roman du Renart*, v. 12188.

Li droit aident as *deceuz*, non pas as decevans.
>*Anc. trad. du Digeste*, fol. 180 v°, c. 2.

Et quant li acheteur cuident avoir acheté bones denrées, et il vient à leur connoissance qu'il sont *déceu*.....
>*Le Livre des Métiers*, p. 139.

Deçoivement, 107, déception, tromperie.

Monseingnor Hue de Bouville,
Qui de son temps régna sans guile,
Sans barat, sans *déçoivement*.
>GODEFROY DE PARIS, *Chron.*, v. 6639.

Defans, 316, Voy. *Deffens*.

Défaute, 349, défaut, déni.

Li apeleres... pot queir (être débouté) de son apel par *défaute*.
>BEAUMANOIR, *Coutumes du Beauvoisis*, II, 403.

Deffenderres, 306 ; *deffendeor*, 314, défendeur.

Se li demanderres est empeeschiez par la tricherie au *deffendeeur*, et li *deffenderres* par cele au demandeeur, que il ne vienent en jugement, li prévolz ne doit secorre à nul d'els.

Anc. trad. du Digeste, fol. 22 vo, c. 2.

Nozapelons baroyer, les raisons que li *deffenderes* met... contre les deffenses au *deffendeur*.

BEAUMANOIR, *Coutumes du Beauvoisis*, I. 99.

Deffens, 142, *défens*, 341, défense, interdiction.

Li mestres li puet deffendre sou mestier (au boulanger), et prendre ent l'amende... s'il cuit puis sou *deffens*.

Le Livre des Métiers, p. 14.

Deffensables, 134, défendu, interdit, prohibé.

Des engins des poissons *deffensables*, en a cil Guérins les amendes.

Le Livre des Métiers, p. 263.

Délégaz, 182. Voy. *Légaz*.

Juges ordinaires, légas, *délégas*, subdélégas.

BEAUMANOIR, *Coutumes du Beauvoisis*, I, 77.

Délivres, 171, libres, quittes.

Elles sont quites et *délivres* de la coustume devant dite.

Le Livre des Métiers, p. 301.

Cil qui paie au procurateur son créancier ce qu'il li doit, est maintenant *délivres*.

Anc. trad. du Digeste, fol. 150 r°, c. 2.

Demainnement, 303. Voy. *Demènement*.

Demandemant, 346, demande en justice, requête.

Demanderres, 57, 91, 130, 345; *demenderres*, 264, *demendierre*, 297; *demendeor*, 84, 88; demandeur.

Les raisons que li *demanderes* met contre les deffenses... Les replications au *demandeur*.

BEAUMANOIR, *Coutumes du Beauvoisis*, I, 99.

Autant de contremant puet avoir... li *demanderres* come cil à qui l'en demande, ne jugement ne doit-en mie fere sor le *demandeor* qui a cele meisme loi que li desfenderres a, s'ele n'est gardée ausi en la persone au *demandeur* com au défendeor.

Le Conseil de Pierre de Fontaines, p. 237.

Demanois, 123; demenois, 46, 220, aussitôt, sur-le-champ, incessamment.

Estes-les-vos venuz au chaple *demanois*.

La Chanson des Saxons, II, p. 161.

Demandés-moy, je vous donrai,
Car de rien ne vous en faurai.
Mais le vous donrai *demenois*.

Roman du Renart, Supplément, p. 101.

Demènement, 301; demoinement, 314, dou plet, conduite, poursuite de l'affaire, du procès.

Dementres (en), 72; demantres, 84, pendant, cependant. Voy. *Endementières*.

Va tost, esprueve tes amis
Dementre que ge sui vis.

Méon, *Fabl. et Cont. anc.*, II. 55.

Endementres fu li temps si avant alés que Noel fu passés.

VILLEHARDOUIN, *Conq. de Constantinoble*, c.XVII.

Dénuncement, 188, dénonciation, avertissement.

Compaignie départ par *dénoncement* et par mort.

Anc. trad. du Digeste, fol. 194 r°, c. 1.

Dénunceor, 42, [*dénuncerres*] avertisseur.

Département, 186, séparation, distribution.

Départemenz est diz de la diversitez à ceus qui sont assemblez par mariage, ou por ce que cil qui despiecent leur mariage s'en vont en diverses parties.

Anc. trad. du Digeste, fol. 272 v°, c. 2.

Départir, 182, se séparer, quitter.

Départiz, 129; départies, 151, réparti, étendu, partagé.

Li patremoines est toz *départiz* entre els par les establissemens.

Anc. trad. du Digeste, fol. 126 v°, c. 2.

Dépècement, 31, déprédation, dilapidation.

Dépéceure, 296, déchirure, rupture. Voy. *Péceure*.

Dépécié, 94, 166, 182, 48, 75; despièce, 198, mis en pièces, rompu, cassé, annulé. Voy. *Dépécier*.

Un batel k'il urent tuit i fud *dépéciez*;
As roches se ferit, qui fut antis et viez.

Roman de Horn, p. 10.

Petis domages et petite decevance puecent estre souffert, mès la grant est *dépéciée*.

Le Conseil de Pierre de Fontaines, p. 185.

Dépécier, 348, anéantir, annuler.

L'en ne doit pas toz jorz *dépécier* les marchiez qui sont fez à cels qui sont dedenz aage; ainz doivent aucune foiz estre ramené à bien et à loiauté.

Anc. trad. du Digeste, fol. 58 r°, c. 1-2.

Dépenz [dempné], 303, condamné.

Dépiècent et dégastent, 31, dilapident et gaspillent. Voy. *Dépècement*.

Depliez, 283, déployés, comptés.

Deporté, 111, favorisé.

Depriée, 279, retirée.

Derechié, 346, derechef, une seconde fois.

Dereniés, 159; *derrenier*, 253, dernier.

> Li premiers rescris pert sa force par le *derre-nier*... Se li *derreniers* ne fet mention del premier.
>
> *Le Conseil de Pierre de Fontaines*, p. 484.

Désacostumance, 6, désuétude, non-usage.

Desavancie, 167, détériorée, empirée.

Desavenant, 294, injustice, désagrément.

> Sitost comme il font tex *desavenans*.
>
> BEAUMANOIR, *Coutumes du Beauvoisis*, II, 350.
>
> Ce seroit grant *desavenant*
> Se d'umble cuer ne le faisoie.
>
> *Théâtre au moyen âge*, p. 261.

Desblée, 270; récolte de blé, moisson.

> *Quandra la dablie*, recueillera les blés, la moisson.

Desbléer, 270, récolter les blés, moissonner.

Descendue, 231, succession, héritage.

> S'aucune *descendue* d'éritage vient à l'omme el tans qu'il a feme... et li hous muert puis cele *descendue*, ains que le feme, la feme emporte le moitié par le reson du doaire.
>
> BEAUMANOIR, *Coutumes du Beauvoisis*, I, 217.

Desconvenue, 53, inconvenance.

> Une fame sui toute nue,
> Ci a mult grant *desconvenue*.
>
> RUTEBEUF, II, 133.

Descorde (se), 30, se met en désaccord, en opposition.

> Li rois à son dit bien s'acorde,
> Ne riens son oste ne *descorde*.
>
> *Roman de la Manekine*, v. 6417.
>
> Et certes nostre usages ne *se descorae* pas de la loi.
>
> *Le Conseil de Pierre de Fontaines*, p. 93.

Descorder, 187, être en désaccord, dédire.

Descort, 20 [*Descors*]; *descorde*, 26, désaccord, débat, discorde.

> Et come débaz, contenz et *descors* fussent entre les baseniers et vendeurs de petiz souliers....
>
> *Le Livre des Métiers*, p. 411, note.

> Ce dist que mais n'ara *descort*
> A lui, mès pès et bon acort.
>
> *Roman du Renart, Supplément*, p. 20.

Descnavenciées, 127, voy. *Desavancie*.

Desenvoloper, 75, dégager, débrouiller.

Déserte, 168, bénéfice, récompense.

> Teus deveit estre lor *déserte*.
>
> BENOÎT, *Chron. de Normandie*, v. 32043.

Déservi, 72, mérité. *Ce que tu deserres*, 62, ce que tu mérites.

> Li prevoz le punist si qu'il le banist à quatre anz ou à six, selon ce qu'il a *déservi*.
>
> *Le Livre des Métiers*, p. 39.
>
> Ne repren nului devant que tu saches porquoi; mès entent avant la vérité et puis le blasme se il l'a *déservi*.
>
> TANCRÈDE, *li Ordinaires*, fol. 40 v°, c. 1.

Desesine, 255, 99, dépossession.

> Nouvele *dessaisine*, si est s'aucuns emporte le coze de lequele j'aurai esté en saisine an et jor pesivlement.
>
> BEAUMANOIR, *Coutumes du Beauvoisis*, I, 466.

Desevréemant, 142, séparément, en partie.

Désevrer, 181, séparer.

> Mult deveroie ceaus haïr et grever
> Qui moi et vos ont ci fait *désevrer*.
>
> *Ogier de Danemarche*, v. 10414.

Désirer, desciré, 299, déchirer, déchiré.

> Tout le cuir li ha *désiré*.
>
> *Roman du Renart, Supplément*, p. 95.
>
> Es vous les dames des contrées
> Totes nus piés, escavelées,
> Leurs vestéures *descirées*,
> Et leurs chières esgratinées.
>
> WACE, *Roman de Brut*, v. 9704.
>
> Mainte larme i eut dont plorée
> Et mainte robe *descirée*.
>
> *Roman de la Manekine*, v. 5423.

Désireté, 135, désir, intention.

Desirrier, 87, volonté, désir.

> Amours li entre ou cuer et li sans li remue;
> De *désirrier* frémist et d'espoir s'esvertue.
>
> RUTEBEUF, I, 432.

Desléaus, 212; *desléal*, 338, illégitime, déloyal.

Desloi, 135, abus, illégalité.

Desmenteor, 86, [*Desmenterres*] contradicteur.

Désordrenz (chevaliers), 323, *désordené*, 104 ; chevalier turbulent, ami du désordre.

Despendeor (de fo), 234, [*li fox despenderres*] de fou dépensier, dissipateur, prodigue.

Se li procurerres qui est donez au forssené ou au *fol despendeeur* fet covenant que ce que il doivent ne lor soit demandé, li covenanz vaut ; et se li forssenez ou li *fox despenderres* font tel convenant, il sera tenables.

Anc. trad. du Digeste, fol. 30 r°, c. 1.

Despendirent, 46, dépensèrent.

Et einsi va le monde et pent,
L'un amasse, l'autre *despent*.

Godefroy de Paris, *Chron.*, v. 1987.

Despire, 73, mépriser, dédaigner.

La plus courte voie à richesse conquerre, si est de richesse *despire*.

Les Chroniques de Normandie, p. xxij.

Si le devroit çascuns en son cuer *despire* et avillier (la sorcellerie).

Beaumanoir, *Coutumes du Beauvoisis*, I, 168.

C'est grant vilenie de *despire* la cort son seignor.

Le Conseil de Pierre de Fontaines, p. 37.

Despisanz, 278, défaillant, qui méprise la sommation.

Despit, 70, mépris. *Le despit*, le méprise. Voyez *Despire*.

Li fes touquoit (touchoit) à *despit* au segneur.

Beaumanoir, *Coutumes du Beauvoisis*, I, 417.

Desporveuement, 34, à l'improviste, accidentellement.

Artus fist ses homes armer.
Sans cor et sans graille soner,
Trestot *desporvéuément*
Corurent sor l'averse gent.

Wace, *Roman de Brut*, v. 9406.

Quant l'encontre
Ou sorvient *desporvéument*.

Méon, *Fabl. et Cont. anc.*, II, 215.

Desposez, 31, dépossédés, dépouillés, privés.

Dessaintes, 65, profanes, l'opposé de saintes.

Dessentir, 187, dédire, être en dissentiment.

Dessessiz, 341, dépossédé. Voy. *Saisis*.

Destorbeor, 86, [*Destorberres*] turbulent, contrariant.

Destorber, 86 ; *destorbé*, 92, troubler, détourner, empêcher.

Si li paager *destourbe* le marchant à tort, il li amendera.

Le Livre des Métiers, p. 292.

C'est max de *destorber* ciaus qui sunt en voie de bien fere.

Beaumanoir, *Coutumes du Beauvoisis*, I, 170.

Destre, 308, droite.

Li bon à la *destre* partie
Seront et li mal à senestre.

Rutebeuf, II, 258.

Destroser, 64, décharger.

Desverie, 73 ; *deverie*, 254, démence, folie.

Ne sai dont vient ceste folie,
Fors de rage et de *desverie*.

Roman de la Rose, v. 8705.

Desvez, 131 ; *desvé*, 73 ; *desvée*, 59, aliéné, insensé, fou.

Le sen pert et *desvez* devient.

Le Chastoiement, cont. xvi. v. 51.

Mais tousjours a sa fille esté sote noée,
Si com par lunoisons, ainsi comme *desvée*.

Roman de Berte, p. 28.

Det, 234, doit.

Detes, 158, 275, [*Deteur*], débiteur.

Se li *detes*... ne li fesoit les nans vaillant...
Li créanciers aroit tant creu le *deteur* que il aroit pris nans mal soufisans.

Ne por ce ne demore pas que li *detes* ne puist maintenir son plet de l'usure... et s'il gaaigne sor l'userier, sainte Église le (l'usurier) pot denoucier por escommenié, s'il ne rent au *deteur* ce qu'il leva por cause d'usure.

Beaumanoir, *Cout. du Beauvoisis*, II, 322, 477.

Le *Glossaire* de Roquefort, I, 387, au mot *Detor*, cite un passage du *Livre de Jostice et de Plet*.

Deteur, 121 ; *détor*, 86, 175. Voy. *Détes*.

Détor, 237 ; *détors*, 170, créanciers.

Detraire en cause. Voy. *Traire*.

Deux m'aïst, 308. Voy. *Dex*.

Devant, 31, avant.

Devéer, 148, refuser, ôter ; *devez* ; *devéé*, 343, ôté, interdit, prohibé. Voy. *Véer*.

Jo *devéé* à toz e desfent....
De par l'apostoile de Rome.

Ne l' pois véer par plus haut home,
Ke vos Willame n'enterrez.
Wace, *Roman de Rou*, v. 14419.

Es-vos Ogier qui lor va *deveer*.
Ogier de Danemarche, v. 11965.

... Audiance point n'avoient
Devers le roy, por ce qu'entrée
Lor estoit à tous *dévée*.
Godefroy de Paris, *Chron.*, v. 6662.

Toute conoissance de criminel plet soit *dévée*
es xl. jorz qui sont devant Pasques.
Le Conseil de Pierre de Fontaines, p. 328.

Devin (desdain), 338, indignation divine.

Devise, 54, 168, partage, division, limites, démarcation, classement, règlement, convention.

Qui veaut avoir *devise*, il doit venir devant le seigneur en sa court, et requerre *devise* à son voisin, selon l'assise et l'usage du royaume.
Assises de Jérusalem, ch. 265.

Devise, 18, parle, explique.

Cele dist que il li *devise*
En quel point est or sainte yglise.
Rutebeuf, II, 134.

Deviséement, 168, par règlement, par convention. Voy. *Devise*.

Devisées, 19, divisées, distinctes.

Au conmencement neissoient tuit li homme franc par le droit naturel, et les gens furent départies, li reaume fet, les seigneries *devisées*, li champ bonné, et édifiement fet.
Le Conseil de Pierre de Fontaines, p. 475.

Dex m'aist (se), 308, exclamation affirmative.

Forment vous heit, *se Diex m'aist*.
Roman du Renart, Suppl., p. 206.

Si m'ait Diex, voir, dist li pélerins.
Garin le Loherain, II, 82.

Diens, 14, doyen.

Et qui veut, il peut appeler de degré en degre; si come dou *dien* à l'evesque, et de l'evesque à l'arcevesque.
Beaumanoir, *Cout. du Beauvoisis*, II, 402-403.

Ou archediacre ou *dien*.
Rutebeuf, I, 229.

Disconvenue, 82, insulte, injure, outrage.

Discort, 101, voy. *Descort*.

Dispensacion, 256, dispense.

Diverse (l'on), 205, on diversifie, on change.

Division, 166, condition.

Diz, 343, dés à jouer.

Do, dou, 171, du.

Doer, 219, doter, constituer un douaire.

Doiz, 145, *doiz d'eue*, canal, conduit, lit de rivière.

Ensement va com loutre par vivier
Quant les poissons fait en la *dois* mucier.
Garin le Loherain, I, 264.

Rome est la *doiz* de la malice
Dont sordent tuit li malves vice.
Méon, *Fabl. et Cont. anc.*, II, 332.

Domageus, 33; *domageuse*, 9; *doumageuse*, 7, dommageable, préjudiciable, nuisible.

Donques, 34, d'où, de quelque part que.

Dos, voy. *Dui*.

Doutance, 7; *dotance*, 77; *dotence*, 170, doute, ambiguïté.

Quar je vous di, nus ne vit or
Si preude gent, c'est sanz *doutance*.
Rutebeuf, II, 49.

Doutouse, 5, douteuse, ambiguë.

Draper, 11, drapiers, fabricants, marchands de drap.

Droiz, 270; *droit*, 70; *droite*, 26, 78, légal, juste; *à droit pris*, à juste prix; *droite eslection*, 38, élection légale, selon le droit.

Quant de *droite* rente venoit
La viande, si la prenoit,
Ou des bieus de son *droit* douire.
Rutebeuf, II, 171.

Mors toz les plais *à droit* termine.
Vers sur la Mort, str. XXXII.

Droitement, 18, selon le droit, régulièrement.

Se un jaugeur jauge, et cil qui vende ou cil qui achate se doute de la jauge qui n'est mie *droitement* jaugée, rapeler en puet pardevant un des autres jaugeurs.
Le Livre des Métiers, p. 28.

Droiture, 72, droit, justice.

Li conmandement de droit sont cist : Vivre honestement, garder soi de grever autrui, rendre à chascun sa *droiture*.
Le Conseil de Pierre de Fontaines, p. 473.

Pour ceus qui à Paris doivent aucune *droiture* ou aucune coustume.
Le Livre des Métiers, p. 3.

Car quant dant denier vient en place,
Droiture faut, *droiture* efface.
Rutebeuf, I, 222.

Droitures, 10, justes, équitables, légitimes, légales, selon le droit.

Dui, 25, 35, 76, 204, *deus*, deux.

> En fiez, li ainz nez a la mestié toz sos, si sont
> plus de *deus*; et s'il sont *dui*, il a les *deus* pars,
> 252.

> Evesque furent li *dui* fil...
> Filles r'out *deus* tot ensement.
>> BENOIT, *Chron. de Normandie*, v. 38159.

Dun, 37, dont, alors.

Dusque, 188, jusque.

> S'il vos dure *dusqu'à* tierc di.
>> *Partonopeus*, v. 8281.

> De fer covert *dusqu'en* l'ongle du pié.
>> *Ogier de Danemarche*, var. au v. 11153.

Effundée, 160, coulée à fond, submergée.

> Fu mult tost la nef effundrée
> Et dépéciée et *affondrée*.
>> BENOIT, *Chron. de Normandie*, v. 41071.

> Theophillus *afonde* et noie.
>> RUTEBEUF, II, 287.

Egaute, 111, équité.

Eguiée (qui decet), 323, qui fausse l'équité.

Eiaus, 226; *éau*, 227; *cal*, 258; *col*, 226; *cole*, 227; *coles*, 226; *eoux*, 228; *éu, ib.*, Voy. *Aieus*.

Einnez, 233; *li einznez, à l'cinzné*, 234; *enné*, 232; *ennez*, 233, voy. *Ainznez*.

> Li *einnez* out num Johel, li puisnez Abia.
>> *Les quatre Livres des Rois*, p. 26.

Eins, ens, 62, 232. mais, au contraire. Voy. *Einz*.

> Més renars ne fu mie lenz,
> *Eins* se redresce, si s'enfuit.
>> *Roman du Renart, Supplément*, p. 82.

Eisint, 311, ainsi.

Einsit, 348; *cinssi*, 214, ainsi.

Einz, 347. Voy. *Ainz*.

> E fuirent tuit li *cinz einz* chascuns à sun
> tabernacle.
>> *Les quatre Livres des Rois*, p. 15.

Eir, 109. Voy. *Heir*.

Eissill perdurable, 279, exil perpétuel. Voy. *Essil*.

Eist, 171, ait.

Ejoster, 244, ajouter.

El, 242; *es*, 279, au, aux.

> Plus de .xx. le vont ataignant
> Li un *és* bras, li autre *el* cors.
>> *Roman de la Manekine*, v. 2766.

Emblée, 56, derobée, volée.

> Li apers larrecins si est celui qui est trouvés
> saisis et vestus de le coze *emblée*.
>> BEAUMANOIR. *Cout. du Beauvoisis*, I, 458.

Embler [embler], 307, voler, piller.

> Qui porroit paradis avoir
> Après la mort por son avoir.
> Bon feroit *embler* et tolir.
>> RUTEBEUF, I, 189.

Empeechiez, 235, accusé, poursuivi, arrête.

Empereres, enpereres, 283; *empereor*, 9, empereur.

> En cel tans moru Henris li *empereres* d'Ale-
> maigne, et li Alemant eslirent le roi à *emperecur*.
>> *Hist. des ducs de Normandie*, p. 89-90.

Empétreres, 17 *[Empetreor]*, impétrant.

Emplédier, 82; *enplédié*, 16, mettre en cause, poursuivre, obliger à plaider.

> L'en ne doute pas que feme ne puisse plédier
> et estre *enplédiée* par action de besoignes fetes.
>> *Anc. trad. du Digeste*, fol. 42 v°. c. 2.

> Se aucuns veut *enplédier* ou clerc ou lai, il
> doit aler par devant le juge de qui justice cil est
> que il veut *enplédier*.
>> TANCRÈDE, *li Ordinaires*, fol. 23 v°, c. 2.

> Se tu plèdes, ou se tu es *enplaidiez*.
>> *Le Conseil de Pierre de Fontaines*, p. 28.

Emprant (s'), 280, usurpe, s'empare. Voy. *Seur-prant*.

Emprès, enprès, 19, après, ensuite.

> *Emprès* formeut vendront avaines.
> *Bataille des sept Arts*, dans RUTEBEUF, II, p. 434

> Roquefort, en son *Glossaire*. I, 442, à ce mot.
> cite un passage du *Livre de Jostice et de Plet*

Emprunterres, 166 *[Emprunteor]*, emprunteur

Encesseurs, 286, voy. *Ancessors*.

Encharcir, 148; *encharciroit*, 7; *enchereciro*. 108, enchérir, augmenter le prix; *enchérirait*. surenchérirait; *enchérira*, surencherira.

Enchiet (cil qui), 278, celui qui succombe.

> Quant jugemenz est fansez. et cil ne le puet
> prover par bataille tel come il l'arami. ainz en
> *enchiet*....
>> *Le Conseil de Pierre de Fontaines*, p. 288.

Encis, 279, incision, meurtre d'une femme enceinte.

Encis si est quant l'en fiert femme enceinte,
et elle et l'enfant se meurent.

> *Ancienne coutume d'Anjou*, citée par
> Roquefort, I, 448, au mot ENCHIS.
> Voy. *Scis*, Glossaire Capperonnier.

Ençois, 270, avant, plutôt, préférablement. Voy.
Ançois.

> Li clerc ne doivent mie amer,
> *Ençois* doivent les seins soner,
> Et doivent proier por les âmes.
> Méon, *Fabl. et Cont. anc.*, IV, 363.

Encombrement, 52, abus, préjudice.

Encombrez, encombriez, 169, grevé, engagé.

Encontre, 315, contre.

> S'il trouvoient aucun ou aucune qui eust mes-
> pris ou erré *encontre* cest établissement...
> *Le Livre des Métiers*, p. 153.

Enconvenancé, 100, convenu.

> N'enportent les dames en douaire fors ce qui
> lor est *enconvenencié* en fesant le mariage.
> BEAUMANOIR, *Cout. du Beauvoisis*, I, 216.

> Et le seurplus prometre et *enconvenenchier*.
> Par veu de mariage et par foy fianchier.
> RUTEBEUF, I, 432.

Encorre, 221, encourir.

Endementières, 191; *endomentres*, 81; *endomen-
tre*, 195, dans l'intervalle, tandis que.

> Li maufetteurs s'enfuiroit *endemantierres* qu'il
> venroit.
> *Le Conseil de Pierre de Fontaines*, p. 283.

> *Endementières* que Bruns bée.
> *Roman du Renart*, v. 10304

Endui, 156, voy. *Andui*.

Enfes, 198, *enfens*, enfant.

> Le setme jur murut li *enfes*, et li serjant ou-
> rent pour annuncier al rei la mort l'*enfant*.
> *Les quatre Livres des Rois*, p. 160.

> Se cil qui avoit en garde un *enfant* qui avoit
> mems de quatorze auz paia ou non à (au nom de)
> l'*enfant* chose que il ne devoit pas, li *enfes* la
> puet demander arrière.
> *Anc. trad. du Digeste*, fol. 153 v°, c. 1.

Enforcement, 78, force, puissance, pouvoir.

Enfraigne, 128, interrompe, repousse, infirme.

Enfrainture, enfreinture, 265, infraction.

Engin, 10, génie, esprit, moyen. *Angin à autre
décevoir*, ruse pour tromper un autre.

> Bone est force et *engins* mius valt,
> Là vaut *engins* où force falt.
> WACE, *Roman de Brut*, v. 8263.

> Trop set feme d'*engin*, de barat et de lobe.
> RUTEBEUF, II, 481.

Engriesté, 72, importunité, avidité, ardeur.

> Li prévolz estoit curiels de refréner l'*engresté*
> à cele manière d'omes.
> *Anc. trad. du Digeste*, fol. 70 v°, c. 2.

Enherra, 203, donna des arrhes, fiança.

Ennéance, 236; *énéence*, 231, *ennence*, 237; *en-
néence, eenneté (l')*, 221; *ennée*, 235; *ennéece*,
235, l'aînesse, le droit d'aînesse.

Enquerre, 5, enquérir, rechercher, s'informer.

Ensi, 10; *ensint*, 5, 18, 347. Voy. *Ansint*.

> Si cum li liz est entre les espines, *ensi* est
> m'amie entre les filhes.
> *Les quatre Livres des Rois*, p. 441.

Ensorquetot, ensorquetout, 336, 337, surtout,
principalement.

> Si vos afi *ensorquetot*
> Que mon pooir ferai de tot
> De ce que vodrez commander.
> *Roman du Renart*, v. 521.

Ente, 226, voy. *Ante*.

Enteriner, 345, exécuter, accomplir.

Entierz, 309, met en main tierce, séquestre.

Entretant, 207, dans l'intervalle.

> *Entretant* aprochie fu
> La nuis et li jours fu fali.
> *Roman de la Manekine*, v. 6674.

Enuios, 228, ennuyeux.

Envénimeur, 284, empoisonneurs.

> Homicide, *envenimeur*, murtrier, larron, ra-
> visseor, disfamez.
> *Le Conseil de Pierre de Fontaines*, p. 308-309.

> Et li homicide, et li parjure, et li ravisseeur,
> et li *envenimeeur*, et li avoutre.
> TANCRÈDE, *li Ordinaires*, fol. 44 v°, c. 2.

Envolopez, envolepie, 92, enveloppé, obscurci,
compris.

Equeut. Voy. *Esqueut*.

Equi, 201, ici. Voy. *Iqui*.

> L'aloete chanta et *enqi* et aillors.
> *Chanson des Saxons*, II, 174.

Er, 60, voy. *Heir*.

Ere, 140, voy. *Aire*.

Ere, 21, voy. *Ert*.

Ériter, 116, voy. *Heir*.

Erre, 141, voie, passage, chemin.

> Un petit mur chéi à terre
> Qui mort et ocis a en l'*erre*
> Le plus preudom de la compaingne.
>> GODEFROY DE PARIS, *Chron.*, v. 2366.

Erremenz, 305; *erremanz*, 16, 333, formes suivies, moyens de droit, parties essentielles d'un acte.

> Nus n'est tenus à aporter en jugement lettres ne chartres ne *erremens* qui soient encontre li.
>> BEAUMANOIR, *Coutumes du Beauvoisis*, I, 136.

Error, 337, injustice, erreur, ignorance.

Ert, 8, 251, était, sera. Voy. *Iert*.

> Jà *ert* escousés li solaus,
> Si en *estoit* li jours mains caus.
>> *Roman du Renart*, voy. *Renart le nouvel*, v. 773.

> Tout *sera* vostre, et tout *ert* mien.
>> RUTEBEUF, II, 93.

Es, 234, elles.

Esbargier, voy. *Herbergier*.

Eschaeste, 234, voy. *Eschéete*.

Escharroent, 10, échoieraient.

Eschas (jeu d'), 338, 343, jeu d'échecs.

> D'*eschas*, de rivere et de chace
> Voil que del tot aprenge e sace.
>> BENOÎT, *Chron. de Norm.*, v. 11537.

Eschauguiète, 341; *eschauguite*, 282, guet.

> Le *Livre de Jostice et de Plet* est cité par Roquefort, *Glossaire*, I, 496, au mot *Eschauguette*.

Eschéer, 118, échoir. *Achéi la chose*, la chose échut.

Eschéete, 167, 230; *eschéeste*, 221; *eschete*, 232, succession collatérale, héritage.

> La coze li estoit venue... par le raison dou descendement ou d'*eschéete*.
>> BEAUMANOIR, *Coutumes du Beauvoisis*, II, 123.

> Le *Livre de Jostice et de Plet* est cité par le *Glossaire* de Roquefort, I, 496, au mot *Eschéete*.

Eschever, 182, achever, échoir.

Eschiet li doeres, 229, le douaire échoit, est exigible. Voy. *Eschéer*.

Eschiver, 160, esquiver, éviter, refuser.

> Viviens sire, nos covient esgarder
> En quel manière noz puissons eschaper
> Et à la mort fouir et *eschiver*.
>> *Éléments carlovingiens*, p. 23, col. 1.

Eschoer, 129, échoir par succession. Voy. *Eschéer*.

Eschoes, *eschoete*, 125; voy. *Eschéete*.

Escience, 35, science, instruction, capacité.

> Sens de droit est connoissance des choses devines et des humaines, et est *escience* de droit et de tort.
>> *Anc. trad. du Digeste*, fol. 3 v°, c. 1.

> Il sout de meillor éloquence
> E de plus aguë *escience*.
>> BENOÎT, *Chron. de Norm.*, v. 17419.

Escommuniement, 180; *escomniement*, 217; excommunication.

> En quelque manière que *escommeniemens* soit getés, il fet à douter, et doit estre li escommeniés en grant porcas de querre absolution.
>> BEAUMANOIR, *Coutumes du Beauvoisis*, II, 246.

Escondire, 91, contredire, contester, nier.

> N'*escondi* mie ne n'otroi.
>> *Roman de la Violette*, v. 3348.

> Dist qu'ainsi le fera : n'ot talent d'*escondire*.
>> *Roman de Berte*, p. 24.

Escondit, 99, contredit, opposition.

> Tel honte a de dire son dit,
> Et si redoute l'*escondit*.
>> *Roman de la Rose*, v. 4735.

Escorre, 314, secourir.

Esdirées (choses), 282 [*adirées*], choses égarées, perdues.

> .... Nostre frère nos ramaine
> Qui perduz iert et *adirez*.
>> RUTEBEUF, II, 314.

> Une fois un pasteur ot *adirée* une seue beste,
> si se fu ferue en la forest.
>> *Roman des Sept Sages*, p. 22.

Ese, 162, ais, planches.

Esemplère, 145, exemple. *A l'esemplère des autres servises*, à l'exemple des autres servitudes.

Esgart, 16, avis, jugement.

> L'*esgart* suirai de vostre cort.
>> *Partonopeus*, v. 3555.

> A l'*esgart* des barons del regne
> Fu penduz Gautiers e sa femme.
>> BENOÎT, *Chron. de Normandie*, v. 29423.

Li taillières doit rendre le doumage à celui qui le garnement est, par l'*égart* des mestres du mestier.

Le Livre des Métiers, p. 143.

Esgoz, 139, égout, gouttière, conduit. *Servise de plue et d'agoz*, servitude de pluie et de gouttière.

Esliseor, 38 ; *elliseor*, 42, électeurs.

Esliz, 41 ; *élis*, 40, élu.

Nostre Sire l'ad fuled desus ses piez, que il ne pout aveir poested desur ses *esliz*.

Les quatre Livres des Rois, p. 206.

Esmande, 340, amende, réparation.

Esme, 172, estimation, évaluation, opinion.

De ce puis bien dire mon *esme*.

RUTEBEUF, I, 8.

Roquefort, dans son *Glossaire*, I, 517, au mot *Esme*, cite le *Livre de Jostice et de Plet*.

Esmeos, 14, ému, troublé, effrayé. Voy. *Esmeuz*,

Esmer, 61, estimer, juger, évaluer.

La lur perte par fu si grant
Que nuls ne sout le nombre *esmer*.

BENOIT, *Chron. de Normandie*, v. 2438.

Bertran conta sa gent, et bien les a *esmé* ;
Onze cens combatans a par conte trouvé.

Chron. de Bertrand du Guesclin, var. aux vers 4158-4175.

Esmeuz, 76, mû, porté, disposé, enclin.

Esmortir, 236, s'amortir.

Espéciaument, 16, spécialement.

Laquele chose est contre Dieu, et contre droit, et contre reison, et *espéciaument* et expresséement contre le roi.

Le Livre des Métiers, p. 137.

Espenoir, 84, expier, amender.

Se aucuns fet force à autre de joer, ge li ferai *espencir* selonc le meffet.

Anc. trad. du Digeste, fol. 137 v°, c. 1.

Ce qui à tart seroit *espénéi* par jugement, volons-nos qui soit venchié par banie.

Le Conseil de Pierre de Fontaines, p. 374.

Se li crieurs mesprent es choses de leur mestier, le prevost des marchanz le fet metre el cep tant qu'il ait le meffet bien *espeni*.

Le Livre des Métiers, p. 27.

Espéritel, spirituel, religieux ; *espérités* (choses) 212, choses spirituelles, religieuses.

Il est deffenduz que lais ne soit arbitres en cause *espéritel*.

TANCRÈDE, *li Ordinaires*, fol. 8 v°, c. 1.

Espié, 298, épieu.

Chascuns i fiert d'espée et d'*espié* et de dart ;
Huimais covient chascun que de lor cox se gart.

Chanson des Saxons, I, p. 144.

Espoentemanz, 340, épouvante, crainte.

Espoes, 141, pieux, échalas.

Espondre, 3, 10, exposer, expliquer.

Li mestre pueent *espondre* constitutions, jà soit ce que ceste expositions ne soit pas nécessaire.

Le Conseil de Pierre de Fontaines, p. 481.

Esposser, 185, faire les épousailles, les fiançailles.

Espurger dreitement, 21, justifier légalement.

Esqeuse, 317, délivrance.

Esqueut, 274 ; *esqueust*, 280, esquive, refuse, enlève, délivre.

Essecutor, 20, exécuteur.

Essil, 69 ; *esil*, 94, exil, bannissement, relégation.

Essi, 10, aussi. Voy. *Issi*.

Essise (*commune*), 338, assise, audience publique.

Essoés, 187, excusé, absous. Voy. *Essoiner*.

Essoine, 16 ; *esoine*, 288, excuse, empêchement, remise.

Tes frans homs puet (contremander) à quinzaine, s'il a *essoine* loial.

Ce est loiaus *essoines*, se li ajornez est retenuz sanz coulpe et sanz tricherie.

Le Conseil de Pierre de Fontaines, p. 18, 504.

Je l' vos diré sanz nul *essoine*.

Roman du Renart, v. 1010.

Essoiner, 314, excuser.

Feint sei malade, e s'*essonie*.

BENOIT, *Chron. de Normandie*, v. 25872.

Qui est ajornés par court, et il est en ville, et est *essoigné*, il doit contremander s'essoigne par deus homes de la loi de Roume.

Assises de Jérusalem, I, 584.

Est, 168. Voy. *Ist*.

Est, 82, et, ait.

Estable, 109, rend stable, confirme, sanctionne.

Estable, 234, stable.

La parole du saige doit être *estable*.

Proverbes Seneke le philosophe.

Establées (*jumanz*), 122 , jumeuts mises à l'é-
table.

Establer, 122, chef, premier garçon d'étable.

Establison, 11. Voy. *Establissemenz*.

Establissemenz, *establissemanz*, 4 , établissements, ordonnances, règlements, édits.

Quauque li emperères establist par letres, et
tout ce que il jnge en aucune cause, et tout ce
que il comande par banissement est lois, et ces
choses sont apelées *establissement*.

> *Le Conseil de Pierre de Fontaines*, p. 477.

Leis, dreitures ne jugemenz
Ne autres *establissemenz*
Ne tendront mais.

> Benoît, *Chron. de Normandie*, v. 26683.

Estachier, 285, toucher. Voy. *Atochier*.

Estage, 343, demeure, domicile.

Parti s'en li reis à tant, n'i fist plus long *estage*.

> Benoît. *Chron. de Norm.*, t. III, p. 553.

Einz que issiez de cest *estage*
Nos lairez-vos céanz bon gage.

> *Roman du Renart*, v. 13639.

Estaindre, 176; *estainz*, 303. Voy. *Ataindre*,
atainz.

Estanchier, 148, fermer. *Estanchier son besoing*,
faire cesser son besoin, y pourvoir.

Estepe, 205, souche de la famille.

Ester, 31, rester, demeurer, habiter.

Estoper, 170; *estopé*, 139, 280 , clorre, fermer,
réprimer, intercepter.

Son nés *estope* isnelement.

> Benoît, *Chron. de Normandie*, III, 521.

Cix qui *estoupent* cemins.

> Beaumanoir, *Cout. du Beauvoisis*, II, 184.

Alez-en par ci au devant,
Afin que se riens vous envoie,
Que vous li *estoupez* la voie.

> *Théâtre au moyen âge*, p. 579.

Estrain, 135, paille, litière, fumier.

Et dit Bernars : « Laissiez ester, chaitis,
Tu ne vaus pas l'*estrain* sor quoi tu gis. »

> *Garin le Loherain*, II, 133-134.

Estraint, 336, astreint, contraint, obligé.

Estramper, 73 ; *estranper*, 302. Voy. *Atemprer*.

Estrangé, 168, extravagant, aliéné, distrait.

Estranges, 26; *estrainge*, 33, 336, étrangers, non
parents.

Ausi pour le vendeur come pour l'achateur,
et pour l'*estrange* come pour le prochain.

> *Le Livre des Métiers*, p. 159.

Li *estranges* bóns puet-il le privé traire en
cause davant eschevins? Nenil.

> *Les Olim*, t. II, p. 838.

Estre, 2, outre; voy. *Ostre*.

Douse mil orent chevaliers,
Estre sergans, *estre* archiers.

> Wace, *Roman de Brut*, v. 9391.

Rois Sornegur a moult grant gent
Estre le socors qu'il atent.

> *Partonopeus*, v. 2329.

Estreciez, 135, restreint, rétréci, amoindri, dimi-
nué.

Larges est, mès toz jors *estrèce*.

> Rutebeuf, II, 26.

Il ne le poent *estrecier* (le chemin) n'empirier.

> Beaumanoir, *Coutumes du Beauvoisis*, I, 361.

Estreper, 39, 108, extirper, détruire, annuler.

Se il (les malfaiteurs) ont terre ou mesons en
la terre au baron, li bers les doit àrdoir, et les
prés arer et les vignes *estreper*.

> *Établ. de Saint Louis*, c. xxvi, à la suite
> du *Joinville* de Du Cange.

Estret, 207, étroit. Voy. *Estreciez*.

A Pasques, la feste en fu fete,
Qui fu large, non pas *estrete*.

> Godefroy de Paris, *Chron.*, v. 6135.

Estrumanz, 15 ; *estrument*, 97, instrument,
pièce, acte.

Etret, voy. *Estret*.

Eue, 341 ; *eues*, 69, eaux. Voy. *Aue*.

Par naturel droit sont commun à touz li airs,
l'*eue* corant et la mer.

> *Anc. trad. du Digeste*, fol. 11 r°, c. 1.

· Soissante cuves i ont fet d'*eue* emplir.

> *Ogier de Danemarche*, v. 7296.

Faus, 16, faussement.

Fauseté fete entendant, 23, fausseté, mensonge
donné à entendre, insinué, exprimé.

Fausoniers, 146; *fausoner*, 281 ; *faussoner*, fal-
sificateur, faussaire.

Quant il semble que li instrument soient soupe-
çonneus, ou par rasure ou par vice ou par
autre matière, cil qui l'aporte avant le doit prover à verai, se il ne le fet, il est tenuz pour
faussonnier.

> Tancrède, *li Ordinaires*, fol. 97 r°, c. 2.

Faut, 60, fait défaut, manque, cesse. *Li usages
faudra*, l'usage cessera.

 La poosté au juge délégat *faut* quant il a
donné sentence et ele est mandée à exécution.
  Tancrède, *li Ordinaires*, fol. 5 v°, c. 1 et 2.

  Cis siècles *faut :* qui bien fera,
  Après la mort le trovera.
       Rutebeuf, I, 99.

  Amor au besoing pas ne *faut*.
   Godefroy de Paris, *Chron.*, v. 3299.

Fax, 57, faux.

Febleté, 53. Voy. *Foibleté*.

Fei, 89 ; *fez*, 285. Voy. *Fié*.

Femmes communes, voy. *Foles femmes*.

Férir, 296, frapper, battre.

  Tex cuide *férir* qui tue.
     Proverbes ruraux et vulgaus.

 Le mot *férir* s'est conservé dans cette locution
ancienne :
  Ensi furent, *sans cop férir*, desconfi li un et
li autre.
   Hist. des ducs de Normandie, p. 157.

Feruz, 290, frappé. Voy. *Férir*.
  Il est *ferus* de le saiete.
  Beaumanoir, *Coutumes du Beauvoisis*, II, 484.

Fès, 118, faix, fardeau, charge ; *fés communs*,
340, charges publiques.
  Chascun *fès* à home, soit petis ou grant, doit
obole de rivage.
    Le Livre des Métiers, p. 304.

Feur, 148, prix. *A feur nomé*, à forfait, à prix
fait.
  Le crieur puet crier le vin au tavernier au
feur lou roy, ce est à savoir à huit deniers.
    Le Livre des Métiers, p. 25.

Feur, 153, four.

Fez, 337, faits, actions.

Fiance, 178 ; *fience*, 181, foi, promesse. *Fere
fiance*, donner sa foi, sa promesse ; de là
fiancés.
  De si adonc qu'il ait fiancié sa foi qui gardera
et fera le mestier bien et loialment, et celle
fiance doit estre faite devant deux du mestier.
    Le Livre des Métiers, p. 77.

Fié, 11, fief. *Fié lai*, fief laïque, séculier.

Fiens, 135, fumiers.
  Car el lit où ele se couche
  N'a-il ne chaelit ne couche,
  Ainz gist en *fiens* et en ordure.
      Rutebeuf, II, 34.

Fiert, 105, frappe, maltraite, voy. *Férir*.
  Povre genz souloit deschaucier,
  Or les boute, *fiert* et lédenge.
      Rutebeuf, II, 288.
  Ausi grant cop *fiert* uns vilains
  C'uns quens fait, u c'uns castelains.
     Renart le nouvel, v. 2797.

Fillastre, 182, beau-fils, belle-fille. Voy. *Parrastre*.

  Par non de *fillâtre* est entendue non mie
tant seulement la fille ma feme, mès sa nièce et
la fille sa nièce (mais sa petite-fille et son arrière-petite-fille.)
   Anc. trad. du Digeste, fol. 254 r°, c. 2.

  Aucune fois avient que li parrastres et le marrastres, por l'amor qui est entr'ax en mariage,
donent à lor *fillastres* lor heritages, ou lor conquès, ou lor muebles...., et trespassent lor enfans.
  Beaumanoir, *Coutumes du Beauvoisis*, II, 499.
  Ne voit l'en comment les marrastres
  Cuisent venins à lor *fillastres*.
     Roman de la Rose, v. 9187.

Finez, 137, fini, terminé.

Fisiciens, 207, médecins.

  Fisicien n'apoticaire
  Ne me puéent doner santé.
      Rutebeuf, I, 37.

Foibleté, 58, faiblesse, débilité, épuisement.

Foi mentie, 190, foi violée, manque de parole.
  Nos avons veu apeler de *foi mentie*, de tele foi
qu'à homage apartient.
  Beaumanoir, *Coutumes du Beauvoisis*, II, 401.

Foi mentie, 104, de mauvaise foi, perfide, parjure.
  Ce sont ciaus qui ne peuent porter garentie en
la haute court, et qui n'ont vois ni respons en
court : Esparjures, *foi mentis* (var.), traitors, bastars, avoutres.
    Assises de Jérusalem, I, 114.

  Cascuns est, mais (sauf) Diu, *foi-mentie*.
     Renart le nouvel, v. 5918.
  E *fei-mentie* e traïtor
  Qui tel conseil vos unt doné.
   Benoit, *Chron. de Normandie*, v. 32225.

Foïr, 141, creuser, bécher.

Foirie, 97, férie, fête.

> La loi deffent que jugemenz ne soit fez en jor de *foirie* se ce n'est par la volenté as parties.
>
> *Anc. trad. du Digeste*, fol. 24 v°, c. 2.

> Nos comandons, fait la lois.... que cil jor soient *foirié* qui sont establi au repos de travail.
>
> *Le Conseil de Pierre de Fontaines*, p. 328.

> La feste Sainte-Geneviève, qui est ès *foiries* de Nouel.
>
> *Le Livre des Métiers*, p. 287-288.

Foiz, 302, fief. Voy. *Fié*.

Foléance d'estat d'ome ou de feme empeeche mariage et despièce, 198, ignorance de la condition d'homme ou de femme empêche le mariage et l'annule.

Foles femes communes, 343, femmes publiques.

> Se feme est tavernière, et ele a en sa taverne *fole feme* que ele abandonne por gaaigner,... ele doit estre tenue por houlière.
>
> *Anc. trad. du Digeste*, fol. 255 r°, c. 2.

Folie (la), 202, le coït.

Fomes, 339, faisons.

Fomez, 58 (*femes*), femmes.

Fondre, 106, écrouler, s'abîmer.

> .... Li reis Henris fist Teleres *Fondre*, e abatre e craventer.
>
> BENOIT, *Chron. de Normandie*, v. 35558.

> Poi i a hostel qui ne *fonde :* Li feuz qui çà et là s'estant Ne laisse maison en estant.
>
> G. GUIART, *Royaux lignages*, v. 4282.

Fonture, 147, écroulement, éboulement.

Forbanir, 112; *forbannir*, 312; *forbenir, forbennir*, 311, bannir, exiler, reléguer.

Forbannissement, 312; *forbenissemanz*, 25, bannissement, exil, mise hors la loi.

Forçable, 197, qui peut être forcé, obligé, contraint.

Forces, 72, usurpations, violences.

> *Force* est assauz de graigneur chose qui ne puet estre boutez arrière.
>
> *Anc. trad. du Digeste*, fol. 48 v°, c. 2.

> Murtre et homesside et *forces*, et brizeures et toutes malesfaites.
>
> *Assises de Jérusalem*, II, 322.

> Par nostre usage puet-en pleidier pardevant le baillif del païs de *force* et de desseisine.... car à eus apartient d'oster les *forces* et de tenir chascun en seisine.
>
> *Le Conseil de Pierre de Fontaines*, p. 375.

> Autresi fait-il faute et *force* Qui tient le pié cum qui escorce.
>
> BENOIT, *Chron. de Normandie*, v. 7372.

Forfet (à présan), 318, en flagrant délit.

> Jà ne l'arons si acrochie Ne prise *à si présent forfait*....
>
> BENOIT, *Chron. de Normandie*, III, 516.

Forjurer, 193, quitter, abandonner, renoncer à; *forjurra*, 311; *forjura*, 112, quittera.

Fors, hors, hormis, excepté.

> Que puis-je, *fors* la mort atendre ?
>
> RUTEBEUF, I, 38.

Forsenerie, 94, frénésie, démence, folie. *Chiet en forsenerie*, tombe en démence.

> El tans de la *forsenerie* ou de la frenisie.
>
> BEAUMANOIR, *Coutumes du Beauvoisis*, I, 201.

Forsenez, 56, hors du sens, aliéné, fou, frénétique.

> *Forsenez* ne doit pas estre conté... car sens li faut.
>
> TANCRÈDE, *li Ordinaires*, fol. 17 r", c. 2.

> Li *forsenés* ou cil qui est queus en frenisie.

> Li *forsenés* doit estre mis en tele prison qu'il n'en isse jamès... tant comme il sera hors du sens.
>
> BEAUMANOIR, *Coutumes du Beauvoisis*, I, 201; II, 295.

Forspaïsiez, 128, expatrié, absent.

Fortrait, fortret, 86, soustrait, délivré.

Forzbaniz, 25; *forsbeniz*, 25; *forbeniz*, 26, banni, relégué, exilé, hors la loi.

Franc, 56; *franche*, libre.

> Li naturel *franc* sont cil qui nessent de *franche* mère.
>
> *Anc. trad. du Digeste*, fol. 7 v°, c. 1.

> Chetivoisons... et servage... sont contrère au droit naturel, qar au conmencement neissoient tuit li home *franc*, par le droit naturel.
>
> *Le Conseil de Pierre de Fontaines*, p. 475.

Franchiz, 82; *franchi*, 56, affranchi, rendu à la liberté.

> Aus francs a pluiseurs différences ; car ou il

sont naturelment franc, ou il furent serf et puis
ont esté *franchi*.

> *Le Conseil de Pierre de Fontaines*, p. 499.

Cil sont appelé *franchi* qui de droit servage
sont amené à franchise. *Franchise* est naturel
poesté que aucuns a de fere ce que il li plest.

> *Anc. trad. du Digeste*, fol. 7 v°, c. 1; r°, c. 2.

Frans, 66, libre, noble, digne. *Venir franc de la
chose*, être absous de la chose

Froiseure, 97, froisure, contusion, blessure.

Froissie, 122, froissée, fracturée, brisée, mise en
pièces.

> La véissiés tante lance *froissie*,
> Tant escu frait, et broigne désartie.
> > *Ogier de Danemarche*, v. 12569.

> Et Renars va le col baissant.
> El retor del paliz choisist (aperçoit)
> Un pel (pieu) *froissié*, dedenz se mist.
> > *Roman du Renart*, v. 1314.

Froiz (est), 206, est froid de complexion, impuis-
sant.

Fruitiers, 133, usufruitier.

Fuitis, 257, fugitif.

Sers est *fuitis* qui par cause de fuie va hors de
la meson sou seigneur por celer soi à lui.

> *Anc. trad. du Digeste*, fol. 235 r°, c. 2.

Li *fuitis* sers ki à tot lo larrecin son sanior s'en-
fuit.

> Ms., fonds N.-D., n° 210 *bis* (*olim* A 3),
> fol. 184 r°.

A *fuitis* ne doit l'en doner nul avantage.

> *Le Conseil de Pierre de Fontaines*, p. 166.

Li *fuitis* doit estre justiciés comme atains du
fet; car quiconques n'oze atendre droit.... il
se tient coupables et atains du fet dont il estoit
acusés.

> BEAUMANOIR, *Coutumes du Beauvoisis*, II, 178.

> Alum requerre les *fuitifs*...
> Qui de nos s'en sunt eschapé.
> > BENOÎT, *Chron. de Normandie*, v. 3879.

Fuste, 282, fustigé.

Se aucuns jure en cause de deniers par le salu
au prince que il ne doit pas ce que l'en li demande, et il se parjure.... nostre empereres
escrist qu'il doit estre *fustez* et batu.

> *Anc. trad. du Digeste*, fol. 145 v°, c. 1 et 2.

Que il le fist *fuster* et batre.

> *Roman du Renart, Suppl.*, p. 299.

Futur (par), 185, par engagement pour l'avenir.
Voy. *Présent (par)*.

Gaagne (ma), 269, mon gain. Voy. *Gaaing*.

S'entr'eus m'embat, j'ai fet male *gaaigne*.

> *Éléments carlovingiens*, p. 218, col. 2.

Gaagner, 236; *gaagnier*, 219, labourer, cultiver.

Quant feme baille à moitié à *gaaingnier* les
terres qu'ele tient en douaire....

> BEAUMANOIR, *Cout. du Beauvoisis*, I, 218.

Cultivers, *gaaingniers* par labeur terres ou
vingnes u teuls coses.

> *Glossaire du* XV° *siècle*.

Gaagnerres, 271; *gaagneor (au)*, 147, laboureur, cultivateur.

Li *gaaignieres* enporte se moitié, s'il n'est
ainsi que li hoirs voille rendre au *gaaigneur* les
coz resnables qu'il a mis.

> BEAUMANOIR, *Cout. du Beauvoisis*, I, 218.

Gaagnie, 170; *gaignie (la terre labourée et)*,
270, la terre labourée et cultivée.

> La terre est morte et eissillie,
> N'est arée ne *gaaignée* [*gaaignie*].
> > BENOÎT, *Chron. de Normandie*, v. 4901.

Gaaignage, 149, labourage, culture.

> Si 's fai arer et laborer,
> Si vivront de lor *gaagnages*.
> > WACE, *Roman de Brut*, v. 8148.

Gaaignent, 241, labourent. *Li buefs qui gaaignent*, les bœufs qui labourent. Voy. *Gaagner*.

Gaaing, 271, *gaigne*, récolte, gain, profit, produit.
Regain seul nous est resté.

> Gaaing de soc et d'aréure.
> > RUTEBEUF, 1, 156.

Cascun doit partir au *gaaing* ou à le perte.

> BEAUMANOIR, *Cout. du Beauvoisis*, 1, 304.

Gabée, 40, frustrée.

Gaen, voy. *Gaaing*.

Gage, 90, gage de bataille, duel judiciaire.

Gagez, 89; *gagiez*, celui qui a reçu un gage, qui
est nanti.

Gaignerres, 270, voy. *Gaognerres*.

Galies, 122, galères, barques.

> Qu'il n'i a ne nef ne *galie*
> Le flun ne passeroie mie.
> > RUTEBEUF, II, 141.

Gardé, 54 , regardé, considéré.

Gardeor, 165 [*garderres*]. garde, gardien.

Gargée, 31, gardée? chargée.

Garniz, 97, muni, préparé.

Garredon, 337. Voy. *Guarredons.*

Gaste, 242, dépourvue, dépouillée.

> N'avoit se masure donée, vendue, quitée, ne laissié oste dedens, auçois l'avoit laissié toute *gaste* et toute wide.
>
> BEAUMANOIR, *Coutumes du Beauvoisis,* I, 471.

Gastement, 112, dévastation, gaspillage.

Gelines, 240, poules.

> Et fet pondre un blanc œf une *geline* noire.
>
> RUTEBEUF, I, 403.

Gengleors, 3, [*genglerres*] bavards, babillards, hableurs.

> Male-Bouche le *gengléor.*
>
> Dient (les amants) por eus losengier
> Qu'il ont perdu boivre et mengier;
> Et ge les voi, les *jengléors,*
> Plus cras qu'abbés ne que priors.
>
> *Roman de la Rose,* v. 2847, 2565.
>
> Ne seies nient trop *jamglerres,*
> Quer taire sei est mont grant sens.
>
> *Le Chastoiement,* cont. 11, v. 340.

Genoil, 81; *genol,* 231; *genoul,* 203, génération. *Au tiers genoil,* à la troisième génération ; *ou quatre genoul,* à la quatrième génération.

> Voy. à ce mot une citation empruntée au *Livre de Jostice et de Plet,* dans Roquefort, *Glossaire,* I, 680.

Gentil, 66, noble, élevé.

> Jà pour les seurorez estriers,
> Ne pour faucons ne pour lévriers,
> Ne pour chiens mener ne oisiax
> N'iere *gentis* ne damoisiax....
> Cilz qui est à bien antantis
> Et qui a le cuer bon et fin,
> Cilz est *gentis* se est la fin.
>
> *Renart le Contrefait,* ms., fol. 27 v°, c. 2.

Gésir, 100, coucher. *Jut o sa fille,* concha avec sa fille.

> Sovent li a dit : Biaus dous sire.
> Alez *gesir,* si ferez bien ;
> Veillier grieve sor toute rien.
>
> RUTEBEUF, I, 297.

Gete, 44, expulsé, banni, chassé, voy. *Giter.*

Getez et gastez (*biens*), 31 , biens dissipés, gaspillés.

Géu, 58; *jéu,* 285, couché. Voy. *Gésir.*

> La renommée de toz les voisins estoit que il avoit *géu* à lui (avec elle).
>
> TANCRÈDE, *li Ordinaires,* fol. 99 v°, c. 2.

Giter, 202, renvoyer, chasser.

Gordement, 70, salement, bassement, vilement.

Governierres, 350 [*governeor*], gouverneur.

Graignor, 119; *gregnor,* 27 ; *greignor,* 38, 336; *greigneur,* 283, [*graindre*] notable, plus grand, le plus.

> Nos ne fesons pas force se la paine qui est nommée en la mise est *greigneur* ou meneur que la chose de qoi l'en plede.
>
> *Anc. trad. du Digeste,* fol. 68 v°, c. 1.
>
> .... C'est Jhesu-Crist,
> C'est celui dont il est escript
> Qu'il est le *greigneur* des seigneurs [*greigneurs*],
> Qu'il est le seigneur des seigneurs
> Et roy des roys.
>
> *Théâtre au moyen âge,* p. 272.
>
> Si grant honte c'onques *greignor*
> Ne fu mès à nul homme dite.
>
> RUTEBEUF, I, p. 268 et 269.

Gregiez, 23; *gregié,* 11, grevé, lésé.

> Tant par nos a la mer *gregiez*
> E si nos a afebleiez
> Que à grant peine estum sur piez.
>
> BENOÎT, *Chron. de Normandie,* v. 1447.

Greignor (*li*), 183, 336, les plus grands, les plus anciens, les notables. *Greignors,* 231, ancêtres. Voy. *Graignor.*

Grevance, 255, détriment, préjudice.

> Les costumes qui sont amenées en la *grevance* des églises et des princes ne doivent pas estre gardées, mès trestornées (modifiées).
>
> *Le Conseil de Pierre de Fontaines,* p. 494.
>
> Difficultés, force u *grevance.*
>
> *Glossaire du xve siècle.*
>
> Li aguels et li colons... ne seyvent à neluy faire mal, il ne seyvent faire *grevance.*
>
> *Sermons de S. Bernard* à la suite des *quatre Livres des Rois,* p. 552.

Grié, 8, gré, consentement, volonté, permission.

> Cil qui ont fait omecide [*homecide*], ou de leur

grié, ou par tricherie... solent estre envoié en essil.

> *Livres de Jostice et de Plet*, cité par Roquefort, *Glossaire*, I, 332, au mot CURIALS.

Grieu, 284, Grec.

> Lors mandèrent tuit ensemble li *Grieu* et li Latin à l'empereour que ensi les avoit Johannis asegiés.
>
> VILLEHARDOUIN, *Conq. de Constantinoble*, CLXIX.

Griex, 278; *grief*, 283; *grieve*, 93, grave, à charge, pénible.

> S'à nos assaullent, *griés* ert lidépartirs.
>
> *Ogier de Danemarche*, v. 7156.

> Et tant poent il (les serfs) bien avoir de segnorie en lor cozes, qu'il aquierent à *grief* paine et à grant traveil.
>
> BEAUMANOIR, *Coutumes du Beauvoisis*, II, 237.

> De tant cum il or est plus légiers, de tant serat-il ci-après plus *griés*.
>
> *Sermons de S. Bernard*, à la suite des quatre *Livres des Rois*, p. 549.

> .... Plaine de nécessité,
> D'anui, de tourment, de dolour,
> De *griés* pensers, d'ire et de plors.
>
> *Roman de la Manekine*, v. 4590.

Grignor, 29, voy. *Graignor*.

Guerpir, 311, déguerpir, quitter, abandonner.

> Haimon enportent, ne le vourent *guerpir*.
>
> *Garin le Loherain*, II, 88.

Guarredons, 328, récompenses, rémunérations.

> Diex rent de tout le *guerredon*.
>
> RUTEBEUF, I, 120.

Guisse (à la), 178, à la manière.

> An la presse se fiert *à guise* de liépart
> (En la mêlée s'élance à la manière du léopard).
>
> *Chanson des Saxons*, I, 144.

Haage, 326; *hons de haage*, homme en âge de majorité. Voy. *Aage*.

> L'exemple unique, rapporté à ce mot par le *Glossaire* de Roquefort, I, 726, est emprunté au *Livre de Jostice et de Plet*.

Habaesse noere, 331, abbesse, supérieure de bénédictines.

> Les blances et les grisses et les *noires* nonains.
>
> RUTEBEUF, I, 242.

Habergier, 135. Voy. *Herbergier*.

Heir, 13; *hers*, 59; *herz*, 224; *hoirs*, héritier.

> Le fié escheit.... au plus dreit *heir* de celle part dont le fié muet.
>
> *Assises de Jérusalem*, I, 222.

> Le roy, la royne et les *hoirs* de France.
>
> *Le Livre des Métiers*, p. 92.

Henz, 129, voy. *Ainz*.

Herbaut (faire), 148, causer la disette.

> Ou se *Herbout* devoit saillir,
> Qui si féist les blés faillir
> Que gens de faim morir déussent
> Por ce que point de blé n'éussent.
>
> *Roman de la Rose*, v. 17853.

> Monter dessus comme *herbaut* sur pauvres gens.
>
> RABELAIS, *Pentagruel*, IV, 52.

Herbergage (le mestre), 220; *herbargage (le meilhor)*, 235, la principale habitation.

> A Amors pris en moi son *herbergaje*.
>
> THIBAUD DE NAVARRE, *Chansons*, IV.

> Au mot HALBERGE, Roquefort, *Glossaire*, I, 730, cite un passage du *Livre de Jostice et de Plet*, dans lequel il a lu *halbargage* pour *herbargage*. Voy. ms. 8407-3, fol. 113 v° c. 2.

Herbergeors, 122 [*herbergerres*], aubergistes, logeurs; *Herbergeresse*, 124, auberge.

Herbergerie, 232, habitation. Voy. *Herbergage*.

> Au chief de la *herbergerie*
> La coucha por miex aaisier.
>
> RUTEBEUF, II, 208.

Herbergier, 329, 350; *herbargier*, 135, héberger, loger, habiter.

> Osteleries qui sunt fetes et estavlies por *herbegier* les poures.
>
> BEAUMANOIR, *Coutumes du Beauvoisis*, II, 328.

Hermofronditus, qui ot nature d'ome et de fame, 55, hermaphrodite.

Hiau, 142, eau. Voy. *Iau*.

Hinté, 208; *hente*, 327, hanté, fréquenté.

Hintement, 277, hantise, fréquentation.

Ho, hoù, 201, où.

Hobligemant, 129, voy. *Obligemant*.

Homenage, 234, hommage; promesse de fidélité faite au seigneur par le vassal. Jehan Bodel décrit la cérémonie de l'hommage en quatre vers :

> Berars de Mondidier devant Karle est venuz,
> A ses piez s'agenoille, ses hom est devenuz :
> L'ampereres le baise et le releva sus;

Par une blanche anseigne li fu ses fiez randuz.
Chanson des Saxons, I, 85.

Voir un extrait du *Livre de Jostice et de Plet* imprimé dans le *Glossaire* de Roquefort à ce mot, I, 757.

Huée, 321, usée, dont on fait usage.

Hui, 205, aujourd'hui.

Et s'il sunt *hui* mauvais, il seront demain pire.
RUTEBEUF, I, 142.

Hureiz [*hurtéiz*], 207, coup, action de heurter.
Hurteiz de seinz (coups de cloche).
Proverbes et Dictons populaires, p. 12.

Iau, 142, eau.
Si le fei en cele *iaue* aler
Un poisson querre et peeschier.
Roman du Saint Graal, v. 2496.

Ice, 201 ; cela, cette chose.
Respont li rois : *Ice* me plest.
Roman de la Manekine, v. 6767.

Icels, 339, iceux, ceux-là. Voy. *Icil*.

Icil, 107 ; *ices*, 25 ; *icestes*, 310, celui, icelui, iceux, ceux-là, celles-là.
Icil demourer ne volt mie.
Roman de la Manekine, v. 6818.

Seigneur, *icilz* assaus fist moult à ressongnier
Vous sont venu servir en *iceste* contrée.
Chron. de B. du Guesclin, v. 8131, 18022.

Ier, 124 ; *iers*, 133. Voy. *Heir*.

Ière (*n'*) *mie*, 14, ne serait pas.

Iert, 26, 264, sera, était.
Fu Dieux et est, et *iert* toz tens.
RUTEBEUF, II, 302.

Ou li filz ert en son baill, ou il en *iert* hors : s'il ert son baill, li dons ne valut riens s'il ne fu confermez par la mort au père.
Le Conseil de Pierre de Fontaines, p. 416.

Igauté, 1, voy. *Egauté*.

Iglises, 334 ; *iglisse*, 339, église.

Il, *cil*, 255, lui, celui.
C'est *il*; je l'ai bien connéu.
Roman du Renart, *Suppl.*, p. 116.

Ileuques, 346, ici, en ce moment.

Inelement, 122, voy. *Iuelement*.

Iqui, 43, 135, là, en ce cas. *Dès iqui en avant*, de ce moment-ci pour l'avenir; *par iqui*, par ceci.
Mais se celuy, quant il l'ot pris celuy ostour ou faucon le porta là où estet acoustumée chose de vendre les oiseaus, et le tint *iqui* en la viste des gens, treis jors por vendre....
Assises de Jérusalem, II, 194.

Moult a *iqui* souffertes poines.
Robert, *Fables inédites*, I, 52.

Irez, 210, irrité.
Dunc fu li dux mult corociez
Et envers lui feus et *iriez*.
BENOIT, *Chron. de Normandie*, v. 34903.

Il te fera corochiés et *irés*.
Ogier de Danemarche, v. 1557.

Issi, 16, 24, 288 ; *issit que*, 288 ; *isint*, 316 ; *issint*, 10, 26, 215 ; *insint*, 245, ainsi, aussi bien que, tellement que, de même.
Issi chemina les deus jors,
Que petiz li fu li séjors.
RUTEBEUF, II, 131.
Pièce s'est *issi* contenus
Que de nul n'i fu mescréus.
WACE, *Roman de Brut*, v. 9346.

Issir, 57, sortir, résulter.
Il ne puet *issir* dou vaissel que ce qu'on i a mis.
Proverbes ruraux et vulgaus.
Nus ne doit *issir* de l'ommage son segneur por entrer en autrui homage.
BEAUMANOIR, *Cout. du Beauvoisis*, II, 461.

Issues (*les*), 232, 268, les fruits, le produit.
Li sires pot penre *les issues* du fief par defaute de feuté, et lever et fere siens, ausi comme il feroit d'un gentil home par defaute de homme.
BEAUMANOIR, *Cout. du Beauvoisis*, II, 258.

Ist, 10, vient, provient, naît, sort. Voy. *Issir*.
Car li mauz fruiz *ist* de male ente.
RUTEBEUF, I, 167.

Ités, 56 ; *itele*, 311, tels, tele.
Se vos fuissiés *ités* com la gent dit,
Ben a trois ans qe il fust mors ou pris.
Ogier de Danemarche, v. 7284.

Itel mérite trueve qui à tel seignor sert.
RUTEBEUF, I, 402.
Ou de jour ou de nuit, par *itelle* maistrie.
Chron. de Bertrand du Guesclin, v. 18131.

Iue, 221 ; *iues, iuves*, 235, égal, égaux, égales.

Par quoy toute la place soit au délivre et aplainesse jusques au reys et *yve* (yue) du haut des fossez.

Arch. admin. de la ville de Reims, III, 258, note de note, col. 2.

Iuéement, 231, 236; *iuiement*, 251, également, de même.

S'il sont iuel de deus parois, iuéement *pren-dront*, p. 257 ; s'ils sont égaux des deux côtés, ils prendront également.

Iuel, 257, équitable, égal. *Yuel leu*, lieu où les droits sont égaux.

La définition des mots *équinoxial* et *équivoque* que nous donnons ici d'après un glossaire du xve siècle, ne laisse aucun doute sur l'étymologie ni sur le sens de l'adjectif *Iuel* et de l'adverbe *Iuelement*. (Voy. ce mot.)

Equinoxial, c'est li chercles que li solaus descript et fait entour le terre quant il (*sic*) le jour et le nuit *iuvents*.

Glossaire du xve *siècle.*

Se il osent contrester, nos comandons qu'il soient par ce tormenté d'*inel* (*iuel*) torment.

Le Conseil de Pierre de Fontaines, p. 374-375.

Iuelement, 122, 130, 231, 232, 236, 251, équitablement, également, de même.

Equivoque (est) uns nons qui senefie pluiseurs coses *iwelment*.

Glossaire du xve *siècle.*

Li drois naturel que toutes gens guardent *yuelment* qui furent establi por la devine porveance, sont tousjors ferm et ne pueent estre mué.

Le Conseil de Pierre de Fontaines, p. 474.

Aucune foiz avient que il est plus puniz, et aucune foiz moins, ou aucune foiz *iuelment*.

TANCRÈDE, *li Ordinaires*, fol. 13 v°, c. 2.

Jà, 17 ; *a jà*, 28, point, déjà, depuis longtemps. *Jà soit ce*, 246; *jà sé*, 120 ; *jà seit ce que*, 337 ; *jà soit ce que*, 8, quoique.

Al homme est sa voie repuuse, car *jà soit ce ke* il sachet en queil estage de vie il soit, il ne seit à queil fin il venrat, *jà soit ce ke* il jà désiret les sovraines choses, *jà soit ce ke* il par granz desiers les requeret, ue seit-il se il eu cez desiers permanrat.

Livre de Job, à la suite des *Quatre Livres des Rois*, p. 468.

Jenure, 186, grande jeunesse.

Jeointure, 2 ; *jointure*, 186, jonction, union.

Jeuse ? 139.

Jor, 80, terme, délai, assignation à comparaître.

Se li sires est demanderes vers son home, il li pot bien metre plus lonc *jor* que de quinse jors ; car il ne li metra jà si lonc *jor* que li hons ne peust voloir que li *jors* ne fust encore plus lons.

BEAUMANOIR, *Cout. du Beauvoisis*, II, 448.

Jors, jorz (par trois), 113, par trois fois, à trois reprises.

Josticier, 2, juger, punir.

Li cas de crieme (crime) doivent estre *justicié* par celi qui a le haute justice.

BEAUMANOIR, *Cout. du Beauvoisis*, II, 339.

Jotice du roi, 12, les gens de la justice du roi.

Juel, 9, 233, voy. *Iuel*.

Jugeors, 8, 16, 78; *jujors*, juges.

Costumes se corrumpent par les juennes *jugeurs*, qui ne sevent pas bien les anciennes costumes.

Il (Dieu) dit as *jugeurs :* « Gardés comment voz jugerés, car voz serés jugiés. »

BEAUMANOIR, *Cout. du Beauvoisis*, II, 504, 445.

Jurie, 122, action de jouer, partie de jeu.

Jutement (non), 49, injustement, illégalement.

Laborreres (li), 219; *laboreor (à un)*, laboureur, cultivateur.

Laece, 137, largeur.

La terre od sa grant pesantur,
U nos somes abiteor,
(Dieu) Funda de lonc e de *laece*.

BENOIT, *Chron. de Normandie*, v. 23897.

Laidement, 82, violemment. *Batu laidement*, battu violemment, à l'excès.

Laidir, 112, injurier, blesser.

Cil qui venir me voient me prendent à *laidir*;
Quant je n'ai que despendre ne me vuelent véir.

RUTEBEUF, II, 441.

Et non portant si fu-il si *laidis*
Qu'il ot senglant et la teste et le pis.

Garin le Loherain, II, 37.

Là ins, 279; voy. *Léans*.

Lait (ne lor), 56; voy. *Loit*.

Laizans, 292; voy. *Loisans*.

Lance levee (aler), 142, avoir le passage libre.

Cil qui a voie i puet *aler* et mener ce que il veult, et porter une *lance droite*, mès que il ne face mal as feuiz.

Anc. trad. du Digeste, fol. 105 bis r°, c. 1.

Lange (linge et), 268, étoffe de lin et de laine.

Cele qui n'ot *lange* ne fautre,
Ne *linge* n'autre couverture.
N'osa pas monstrer sa figure.

RUTEBEUF, II, 133.

Cil pueent estre apelez marcheanz à qui robes, *linges et langes*, sont bailliées à porter et à vendre.

Anc. trad. du Digeste, fol. 167 v°, c. 1.

Laque, laquex, 18, laquelle.

Larronesse, 214, voleuse. Voy. *Lerres*.

Il n'achatera de larron et de *larronnesse* à son escient.

Le Livre des Métiers, p. 198.

Léalment, 342, légalement.

Léans, 241, là dedans. *Céans* (ici dedans) seul est resté en usage jusqu'au XVIII° siècle.

Léaus, léau, 211; *léal*, 230, légal, légitime.

Se il n'est si fil de *léal* espouse, ou ses frères ou ses niés de *léal* mariage.

Le Livre des Métiers, p. 115.

Léaus ou desléaus, 198, légitime ou illégitime.

Léauté, 211, légitimité.

Lécherie, 58, impudicité.

De *lécherie* et de luxure
Et des autres vilains péchiez.

RUTEBEUF, II, 229.

Lédanges, 282; *lédenges*, 342; *lesdanges*, 279, 281, injures, offenses.

Lédengé, 281, injurié.

L'un *lédange*, l'autre menace.

Robert, *Fables inédites*, II, 493.

Lédi, 281, injurié, offensé, blessé. Voir le *Glossaire* de Roquefort, II, 72, au mot *Lédi*, une citation du *Livre de Joslice et de Plet*.

Lédir de paroles, 311, injurier, offenser. V. *Laidir*.

Por moi *lédir* et fere honte.

RUTEBEUF, II, 240.

Il a apris à leidangier,
A *leidir* et à menacier.

Roman de la Rose, v. 3142.

Lédissemanz, 99; *lédissement*, 131, injures, offenses, blessure.

Lédure, 156, laideur, vilenie, action honteuse, injure, blessure.

Ne *lédure* ne vilonie.

RUTEBEUF, II, 234.

As richeces font grant *lédure*
Quant il lor tolent lor nature.

Roman de la Rose, v. 5199.

Légat, 116, délégué, fondé de pouvoir.

Pooirs est donez as *légaz*, ce est as messages, de porloigner le plet de ce qu'il firent avant qu'il fussent *légat*.

Le Conseil de Pierre de Fontaines, p. 276.

Légier, 301, alléger.

Légière chose, 84, chose facile, aisée.

Légièrement, 50, à la légère, facilement, inconsidérément.

Il ne porroit *légièrement* trover plegge.

Le Conseil de Pierre de Fontaines, p. 280.

On doit *légièrement* pardonner qui a mestier de pardon.

Proverbes Seneke le Philosophe.

Lerres, 156; *larron*, voleur.

Fors *lerres* est qu'à *larron* emble.

RUTEBEUF, I, 220.

Bien est *lerres* qu'à larron emble.

Méon, *Fabl. et Cont. anc.*, IV, 236.

Lés, 89, legs. Voir Roquefort, *Glossaire*, II, 75, un exemple de ce mot emprunté au *Livre de Joslice et de Plet*.

Lesse, 142, largeur; *lesse de charriere*, largeur de route, de voie. Voy. *Laece*.

Lese de voie et de *charrière* doit estre tele comme ele est mostrée.

Anc. trad. du Digeste, fol. 105 bis r°, c. 2.

Lest, 166; voy. *Loit*.

Lez, 149, le long, à côté, auprès.

Là me gaitoit *lez* un boschet.
Lez un estroit sentier basset.

RUTEBEUF, II, 230.

Li, 5; *lo*, les, le.

Li, 10, elle, lui.

Lierres, 287, 350. Voy. *Lerres*.

Vuidiès! vuidiès! pillars et *lierres!*

Théâtre au moyen âge, p. 410.

Lige, 80, pur, absolu, entier; *homme lige*, vassal; *lige poesté*, 59, pleine puissance.

Tes *hom* sui *liges* de tot mon fief tenant.

Ogier de Danemarche, v. 2039

Liger (de), 2, facilement. Voy. *Légièrement*.

Li anemi à aucun ne doivent pas estre creu contre lui ; car il mentent *de légier*.

TANCRÈDE, *li Ordinaires*, fol. 38 r°, c. 1.

Ligièrement, 277; voy. *Légièrement*.

Lignage, 3 ; *lignée*, 231 ; *linie*, 257, parenté, famille, descendance.

Dusques el septime degré de *lignage* pot-on rescorre heritage de son costé, puis que on puist prover le *lignage*.

On apele cex qui sunt estrait de franque *lignie*, si comme de rois, de dus, de contes ou de chevaliers, gentix.

BEAUMANOIR, *Cout. du Beauvoisis*, II, 189, 232.

Linge, voy. *Lange*.

Lisse (il), 340; voy. *Loit (il)*.

Férir ne issir ne lor *list*.

WACE, *Roman de Brut*, v. 13499.

Lo, lou, 297, le.

Loage, 162, récompense, rémunération. V. *Loier*.

Loaiz, loez, 343, loués, pris à louage.

Loe, 32 ; *loent*, 81 ; *loa*, 6 ; *loez*, 7, approuve, ratifie, sanctionne, est d'avis; sanctionna, approuva; sanctionné, approuvé.

Loeur, 116, qui affirme, qui approuve.

Loi sent, 64, lieu saint.

Loie-il, loié, 42, voy. *Loe*.

Loier, 1 ; *loer*, 104, 323, récompense, rémunération, prix.

Aies toz jorz, quant tu jugeras, devant les ielz de ton cuer celui qui rendra à chascun le *loier* selonc ses œvres.

Le Conseil de Pierre de Fontaines, p. 220.

Li avocaz doivent desfendre sanz *loier* les personnes qui sont si poures que eles ne trevent point d'avocaz.

TANCRÈDE, *li Ordinaires*, fol. 15 v°, c. 2.

Jà ne servira bien qui n'ara bon *loier*.

Chron. de Bertrand du Guesclin, v. 17933.

Loier, 117, louer, prendre à gages. *Chanpions loiez*, champion à gages.

Loigneté, 205, éloignement.

Li juges de qui l'en apele porra atremper le terme selonc la *loigneté* des lieus et des contrées, et selonc la qualité des tens.

TANCRÈDE, *li Ordinaires*, fol. 3 v°, c. 1.

Loisans, 91 ; *loissanz*, 300, loisible, permis.

Le *Glossaire* de Roquefort, aux mots *Loisoit* et *Loistant*, donne deux exemples empruntés au *Livre de Jostice et de Plet*.

Loit (il), 135; *lest*, 166, loisible, permis. *Il ne li loit pas*, il ne lui est pas permis.

Il ne loist pas à juge à vendre loial jugement, jà soit ce que *il loist* à l'avocat à vendre s'aide, et au sage houme de droit son conseil.

TANCRÈDE, *li Ordinaires*, fol. 13 r°, c. 2.

Il *loist* bien à l'omme baire se feme, sans mort et sans mehaing, quant ele le meffet.

BEAUMANOIR, *Cout. du Beauvoisis*, II, 333.

Il ne *loist* à nul home à estre trop cruiex è ses sers sans cause.

Le Conseil de Pierre de Fontaines, p. 503.

Loiz (loiez), 290, pris à gages. Voy. *Loier*.

Lonctans, 21 ; *lonctens*, 33 ; *lontain, lointeins, lointiens*, lointains, éloignés, absents.

Longuaigne, 331, lieux d'aisances, cloaque.

Cele *longaingne*, cele sete....
Une *longaingne*, une privesse,
Fous est qui de lui s'aprivesse.

Roman du Renart, v. 28588.

Qu'au-desouz est, chascuns le plume,
Et le gete-on en la *longaingne*.

RUTEBEUF, I, 227.

La raie dou soloil..... ne puet empirier pour poudre, ne conchier por la puor d'une *longaingne*.

Bibl. nat., ms. 198, suppl. fr., fol. 328 v°, c. 2.

Voy. au *Glossaire* de Roquefort, II, 93, l'exemple emprunté au *Livre de Jostice et de Plet*.

Lores, 81, 341, lors, alors.

Los, 234, approbation.

Ki veut avoir *los* et prouesce
Si ainc (aime) courtoise et fuie parece.

Proverbes Seneke le Philosophe.

Los, 241, droit d'approbation que percévait le seigneur sur les ventes faites par ses vassaux.

De tel *los* doit avoir tel vente.

Jubinal, *Fabliaux*, I, 306.

Los, 242, lieux.

Los à claives ? 225.

Loutie [l'outre] plus, 127, le surplus.

Lut (il ne), 216, il ne fut permis. Voy. *Loit*.

Ma, 226, mes.

Maeme, 194; voy. *Meisme*.

Maerie, 37; *méerie*, 30; *merie*, 31, mairie, office de maieur.

Mahaing, 291, blessure, mutilation, maladie.
>Douze jors fu si traveillie
>De *mahaing* et de maladie.
>>RUTEBEUF, II, 407.

Le *Glossaire* de Roquefort, II, 110, 159, rapporte deux exemples des mots *mahain* et *mahins, méain*, pris dans le *Livre de Jostice et de Plet.*

Mahaigne, 279; *mahen*, 292; *maheng*, 298; *mahin*, 282; *mahing*, 291, blessure, mutilation, perte d'un membre. Voy. *Mahaing*.

Mahaignié, 291; *maignié*, 279; *maheignez*, 298, blessé, estropié, mutilé.
>Tous ert brisiés et *mahaigniés.*
>>RUTEBEUF, II, 410.

Au mot MAAGNÉ, le *Glossaire* de Roquefort, II, 104, contient un exemple tiré du *Livre de Jostice et de Plet.*

Maindre, 336; voy. *Mendre*.

Maine, 132, moindre, moins élevé.

Mainement, 142; voy. *Mènement*.

Mains (*seignor de*), 332, seigneur auquel on faisait hommage des mains. Voy. *Homenage*.
>Et si devenissiez, *mains jointes,*
>Hom à celui qui ce feroit,
>Qui vostre honor (fief) vous renderoit.
>>*Théâtre au moyen âge,* p. 141.

Maires (*li*), meres, maor, 27, mere, 31; *maior*, 25, *meor*, 26, maieur, maire.

Male, 10, mauvaise; *male senefiance*, mauvaise acception, mauvaise part.
>*Male* novele est tost venue.
>>WACE, *Roman de Rou*, v. 11817.
>Et dist : Amis, ne r'alez mie
>Avoec la *male* compaignie
>Des gloutons ne des léchéors.
>>RUTEBEUF, II, 235.

Malement, 69, mal, injustement, à tort; *malement mené*, mal conduit.
>*Malement* atornés estoit.
>>RUTEBEUF, II, 409.
>Si ala leur afeires bien....
>Meis après ala *malement.*
>>*Roman du Saint Graal,* v. 2371.

Malfet, 85, méfait. Voy. *Mausfélors.*

Mal metant, 17, causant du mal. Voy. *Maumet.*

Malvés, 331; *mauvés*, 336, *malvèse*, *mauvèse*, mauvais, mauvaise; injustes, méchants.
>Qui *malvès* sert, *malvés* loyer atent.
>>BEAUMANOIR, *Cout. du Beauvoisis*. I, 25.
>C'est *mauvès* geu que gloutenie :
>Ele est *malvaise* et nice et fole.
>>RUTEBEUF, II, 436, 376.

Malvesement, 329, mal. Voy. *Mauvèsement.*
>*Malvesement* l'aveit trossé,
>Si l'a en la voie adiré.
>>*Le Chastoiement*, cont. xv, v. 9.

Mandemenz, 163, recommandation, ordre.

Maquerel (*li*), 282, maquereaux.
>Tout le *maquerel* et tout le harenc qui vient à Paris doit estre venduz à conte.
>>*Le Livre des Métiers*, p. 270.

Marir, 78, léser, offenser, chagriner.
>Que vaut ne *marir* ne plorer
>Perde c'on ne puet recovrer ?
>>*Partonopeus*, v. 4955.

Marois, 139, marais, mare.
>De l'autre part, outre le mont
>A trové un *marois* parfont.
>>*Roman du Renart*, v. 7693.

Marre, 271, bêche, houe, pioche.
>Toucharrent les piocheurs de leurs *marres* un grand tombeau de bronze.
>>RABELAIS, *Gargantua*, I, 1.

Martroi, 147, marché, place publique. (La place publique d'Orléans porte ce nom.)

Maufesanz, 278; *maufessant*, 71, malfaiteur, délinquant. Voy. *Maufelors.*

Maumener, 165, 340, contraindre, obliger, maltraiter.

Maumet, 69, ruine, dissipe.

Maus, 72; *mal*, 51; *male*, 52, mauvais, mauvaise.
>*Maus* fruiz ist de *male* raïs.
>>*Partonopeus*, v. 307.
>Petit e grant, [e] bon e *mal.*
>>BENOIT, *Chron. de Normandie*, v. 38398.
>Et qui *mal* quiert, *maus* ne li doit falir.
>>THIBAUD DE NAVARRE, *Chansons*, LXX.

Mausfélors, 4, 277, malfaiteurs, criminels, coupables, délinquants.

Mauslez, 75; *maulé*, borné, complexe.

Mauvaistié, 76; *mauvesté*, 322; *mauveté*, 13; faute, méchanceté, malice, injustice.

>Pour le profit de lour mestier et pour eschiver les fraudes, les faussetés et les *mauvestiés*.
>
>>*Le Livre des Métiers*, p. 370.

>Soies aussi dolans se tu iez louez des mauvais comme se tu ies louez pour aucune *mauvaistié*.
>
>>*Proverbes Seneke le Philosophe.*

Mauves, 336. Voy. *Malvès.*

Mauvèsement, 25, 336; *mauvèsemant*, 36; *malvèsement*, 329, mal, méchamment, iniquement, malicieusement, illégitimement.

>Il ne covient pas que les paroles del droit citéain soient *mauvèsement* entendues.
>
>>*Anc. trad. du Digeste*, fol. 134 r°, c. 2.

>Son fil demande con li est convenant;
>Sire, dist-il, par Dieu, *malvaisement.*
>
>>*Ogier de Danemarche*, v. 1977.

Mauz, 22; *meaus*, 52; *meauz*, 336; *melz*, 181; *meus*, *meuz*, 136; *maux*, 22; *miauz*, 29; *mius*, 87, mieux, plutôt, de préférence.

Max, 111, mal, maux.

>De deux *max* prent-en le menor.
>
>>*Roman du Renart*, v. 13598.

Mechie, 179, concubine.

>Mariages est deffenduz des femes qui vivent lèdement et font vilain gaaing de leur cors, jà soit ce que ce n'est mie en apert, et se aucune est *méchine* à autre que à son patron, je di qu'ele n'a mie honnesté de preude feme.
>
>>*Anc. trad. du Digeste*, fol. 255 r°, c. 2.

>(Mahomet) De Meke gist en la cité:
>Cest non a par s'iniquité,
>Car cil nons *meke* velt tant dire
>Con cele ki fait avoutire.
>
>>*Roman de Mahomet*, v. 1956.

>Là out *meschines* e soignanz
>Dunt il out puis assez enfanz.
>
>>*Benoît. Chron. de Norm.*. v. 35119.

Méen (*lo*), 144, métayer.

Mehaing, 311, blessure, mutilation. V. *Mahaing.*

>Et s'il y a *mehaing*, on doit regarder le manière du *mehaing* et l'estat de le persone qui est mehaingnés et l'avoir de celi qui le mehaigne.
>
>>*Beaumanoir*, *Cout. du Beauvoisis*, I, 416.

Meinnez (*li*), 235; *meinne* (*au*), le puiné, au puiné

>Et sui frères Bertran, je sui de lui *mainez.*
>
>>*Chron. de Bertrand du Guesclin*, v. 2173.

Meismes, 345; *meisme*, 133, même.

>Jo *méismes* od toi irai.
>
>>*Wace*, *Roman de Brut*, v. 11315.

>Roquefort, dans son *Glossaire*, II, 164, au mot *Méisme*, donne un exemple pris dans le *Livre de Jostice et de Plet.*

Meismement, 277, de même, mêmement.

>Car biaus contes si est perdus,
>Quant il n'est de cuer entendus,
>*Méismement* à chiaus qui l'oent.
>
>>*Roman de la Manekine*, v. 25.

Mellée, 114, malice, duplicité.

Mellis, 317, turbulents, querelleurs.

>Et bien apartient à office de bailli qu'il espoente et contraingne les *mellix*, si que li pesibles vivent en pès.
>
>>*Beaumanoir*, *Cout. du Beauvoisis*, I, 24.

Membre, degré, espèce; *mambre de larrecin*, 161, sorte de larcin.

>Bien semblout chose esperitable,
>Et ce esteit *menbre* à déable.
>
>>*Le Chastoiement*, cont. XI, v. 197.

Menains, 5, menions, tournions.

Menateres, 123, meneurs, conducteurs, chefs.

Mendre, 282, moindre, plus petit.

>Il ne covient pas que la *mendre* cause abate la greigneur, mais la greignor peut abatre la meneur.
>
>>*Anc. trad. du Digeste*, fol. 75 r°, c. 2.

>C'est ci le hanap monseigneur,
>Il n'est ne *mendre* ne greigneur,
>Mais tout ytel.
>
>>*Théâtre au moyen âge*, p. 256.

Mènement, 141, conduite, passage.

Menestères (*ménesterés*), 121, ménestrels, ménétriers, jongleurs.

Menestères, 136; *menetères* (*ménesterés*), 70, ouvriers, artisans.

>Se aucuns pramet que li sers qu'il vent est *menestereus*, il ne doit mie fornir qu'il soit mestres d'uevres, mès qu'il en sache aucune chose, si qu'il ne soit mie de souveraine escience ne del tout à aprandre, quar ce est assez qu'il soit tieus comme l'en apele communément *menestereus.*
>
>>*Anc. trad. du Digeste*, fol. 236 r°, c. 1.

Nus *menestreus* du mestier devant dit ne puet
ne ne doit avoir que un aprenti tant seulement.
Le Livre des Métiers, p. 43.

Menoir, 339, manoir, demeure, habitation.

Menois, 137, aussitôt, dès que. Voy. *Demenois*.

.... Cil vit trop qui n'en a cure,
Et qui velt vivre, il muert *manois*.
Partonopeus, v. 5748.

Menor, 26; moindre, plus petite; *menors offices*,
3o, offices moins élevés, subalternes.

Autres barons i ot pluisors
Qui n'orent pas *menors* honors.
WACE, *Roman de Brut*, v. 10539.

Menors, 17, mineurs.

Menu (*sovant et*), 35o, très-souvent, très-fré-
quemment.

Mere [*maire*] *partie*, 35, la majeure, la plus
grande partie.
Ore ad si grant leesce, en sa vie n'out *maire*.
Chron. de Jordan Fantosme, v. 1271.

Meres, 12, 339; *meor*, 13, 336; *maior*, 25; *maor*,
27, maire, maieur. Voy. *Maires*.
Si comme disoient li dit *maires* et juré....
Amené pardevant le *maieur* et jurez.
Les Olim, II, 565.

Quant vile de commune a à fere, il... soufist
se li *meres* et deus de ses jurés y vont, car cil
trois poent perdre ou gaaignier por le vile.
BEAUMANOIR, *Coutumes du Beauvoisis*, I, 82.

Mervella (*se*) *mout*, 17, s'émerveilla, s'étonna
fort.
Et Renars *moult s'en merveilla*.
Roman du Renart, Suppl., p. 107.
Meis de ce *mout se merveilloit*.
Roman du Saint Graal, v. 859.

Merz ou *gage*, 121, marchandise, nantissement.
Li marceans.... vait par les cités, par les cas-
tels, par les bors et par les foires del païs, et acate
les *mers* de diverses manières; et comme il a
acaté ses *mers* et ses ricoces, si 's torsse en divers
fardels sa marceandise, en un li vair et en l'autre
le gris, et en autre les cas et en autre les co-
nins, et en autre le lange et en autre le linge,
et en autre l'isenbrun et en autre les escarlates,
et en autre les fustaines de divers samblans....
MAURICE DE SULLY, *Serm. dom. Vᵃ.*

Meschine, 181, jeune fille, domestique.
Les femmes et les *meschines* vindrent encuntre
le rei Saül.
Les quatre Livres des Rois, p. 70.
La *meschine* l'ameine dreit
Là où sa damaiselle esteit.
Lais inédits, p. 12.

Au mot MOICHINE, le *Glossaire* de Roquefort, II, 198, donne un exemple tiré du *Livre
de Jostice et de Plet*.

Meseaus, 196; *mesel, mesele*, 197, lépreux, lé-
preuse.
Se li *mesiax* apele home sain, se pot li hons
sains deffendre que il n'est pas tenus à respondre
à un *mesel* en tel cas.
BEAUMANOIR, *Coutumes du Beauvoisis*, II, 425.
Neis aux *messiaux* et aux *meseles*
Soloit heissier et piez et mainz.
RUTEBEUF, II, 288.

Roquefort, *Glossaire*, II, 180, au mot ME-
SEL, rapporte de longs passages du *Livre de
Jostice et de Plet*.

Mesfeteurs, 277, voy. *Mausfetors*.

Mesière, 138, muraille, paroi.
Ausi cum l'om plastrist et teint
La *maisiere* sor quei l'om peint.
BENOÎT, *Chron. de Normandie*, v. 39829.
Li maçons ne fait plus que les *masières* des
mesons grossement, et li paintres met les pain-
tures et fait la demonstrance et aparoir l'uevre.
Ms. 198, *Suppl. fr.*, fol. 335 v°, c. 2. Bibl. nat.
Se tes voisins t'a proié que tu li lesses fere
une *mesiere* en ta terre, por ce n'est-il pas
prové que ta terre li doie servise, ne il ne puet
pas dire que il i puisse édefier mal gré tuen.
Anc. trad. du Digeste, fol. 108 r°. c. 1.

Au mot MESIÈRE, le *Glossaire* de Roquefort,
II, 181, cite un passage du *Livre de Jostice et de
Plet*.

Meslée, 208, mêlée, complexe, mixte.

Mesnie, 61, 338, *mesgnie*, 341; *menies*, 337, mé-
nage, maison, famille, gens de la maison.
« Le sens du mot *mesnie* fut fixé par un arrêt du
parlement, rendu à la Saint-Martin 1282, où on
lit: « Et fut puis desclairié de ce mot, *sa propre
« MESNIE demorant en son ostel*, ce est à enten-

« dre de ceus qui font ses propres besoignes et à
« ses despens. »

Les Olim, t. II, p. 218, n° XLV. Note de
M. Beugnot aux *Coutumes du Beauvoisis*, par
Beaumanoir, t. I, p. 23-24.

Rutebeuf (I, 153) a employé le mot *mesnie*
au figuré dans ce passage :

Chascuns à son pooir desmembre
La *mesnie* saint Nicolas,
L'Université ne si membre.

Mesprison, 153, méprise, erreur, mécompte, injustice.

Il un homme pendu avoit
Et n'avoit pas esté jugiez. . . .
Certes, ce fu grant *mesprison*.
Roman du Saint Graal, v. 1244.

Mès que, 63, quoique, plus que, pourvu que; *mès
tant que*, pourvu seulement que.

Il puet estre cordouannier se il a de quoi, *mès
que* il ne melle en une meesme œvre de cordouan
et bazane.
Le Livre des Métiers, p. 231.

Mesqueneu, 53, 91, 98, méconnu, contesté, nié.

Mestier, 4; *méter*, 60, nécessaire, besoin.

Et li conforter et aidier
A son besoing, à son *mestier*.
RUTEBEUF, II, 392.

On trouve le mot *mestier* avec sa double acception de *métier* et de *besoin* dans les vers suivants :

Tel office ai et tel *mestier*
Que chascun a de moi *mestier*.
Jubinal, *Fabliaux*, I, 305.

Mestive, 171, produit de la récolte. Voir un exemple emprunté au *Livre de Jostice et de Plet*,
au mot MESTIVER, dans le *Glossaire* de Roquefort, II, 185.

Mestive, 96, moissonne, fait la moisson; *tens de
mestive*, temps, époque de la moisson.

Mestre, 69, maltre juré, syndic, doyen, possesseur.

Nus pains ne puet estre pris.... fors là où li
mestre et li juré s'asentent.
Le Livre des Métiers, p. 12.

On m'apeloit seignor et *mestre*
De cest païs, ce sez-tu bien.
Théâtre au moyen âge, p. 140.

Mestres, 1; *metres*, 52, maltres, docteurs.

Quar en toute science est gars
Mestres qui n'entent bien ses pars.
RUTEBEUF, II, 435.

Mesurerres, 279; *mesureor*, 280, mesureur.

Nus ne puet estre *mesurères* de blé ne de nul
autre manière de grain,... à Paris, se il n'a le
congiet du prevost des marcheaus et des jurés de
la confraerie.
Le Livre des Métiers, p. 21.

Se tu estoies *mesurerres*, et ge te comandai
que tu mesurasses mon champ... Il n'a pas
action contre le *mesureor*.
Anc. trad. du Digeste, fol. 137 r°, c. 1.

Métaill (*paine de*), 283, amende d'argent, peine
pécuniaire.

Meuz, 94, mû, mis en mouvement, en marche.

Mie, 1, pas, point.

La riule est que ignorance de droit nuist à
chascun, mès ignorance de fet ne nuist *mie*.
Anc. trad. du Digeste, fol. 252 v°, c. 2.

Les lengues des anceles frémissent quant la
dame n'i est *mie*.
Livre de Job, à la suite des *Quatre Livres des
Rois*, p. 496.

Mire, 147, médecin.

Se uns *mires* done mauvèse médecine ou il
ne taille pas bien le malade, ou il lesse celui
que il a enpris à garir, l'en puet entendre que il
n'est pas quites, ainz est corpables.
Anc. trad. du Digeste, fol. 113 r°, c. 2.

Là déust estre *mire* là où sont li plaié,
Car par les *mires* sont li navré apaié.
RUTEBEUF, I, 184.

Mis, 60; *mi*, 175, mon, mes; *user d'un droit con
tre mon aversaire, mis aversere usera* (79).

Mise, 26; *misse*, 49, compromis, arbitrage.

Moie, 162, 226; *moies*, 127; *mois*, 140; *moe*, 176,
mienne, miennes.

La raison en est *moie*, et non vostre.
Assises de Jérusalem, II, 404.

Or ne cuidai qu'en nul empire
Éust tel fame com la *moie*.
RUTEBEUF, I, 317.

La dame respondi : Chier sire, je l'ostroie;
Car vostre voulenté si doit estre la *moie*.
Chron. anglo-normandes, III, 176.

Moisme, 295, voy. *Meisme*.

Moitiers, 344, voy. *Mestier*.

Molete, 189, de femme, légitime. Voy. *Amoilleré*.

Molier, 37; *moller, mollerez*, 209; *molleré*, 210; *moilleré*, 257, femme mariée. Voy. *Amoilleré*.

Mon (savoir), 247, particule affirmative, bien, certes.

> Renars vint là, et s'en approiche
> Pour *querre mon* et por *savoir*
> S'il y pouroit repous avoir.
>> *Roman du Renart, Suppl.*, p. 77.

> Et fu ordené que l'en enquerroit *savoir mon*
> se.... les vignes le conte.... sont muebles ou
> non muebles.
>> *Les Olim*, II, 165.

> Vérités est que toutes acusations de foy, à
> *savoir mon* qui croit bien en le foy et qui non,
> la connissance en apartient à sainte Église.
>> BEAUMANOIR, *Coutumes du Beauvoisis*, I, 157.

Voici quelques exemples dans lesquels la particule *mon* est employée affirmativement ou négativement avec les verbes *avoir, être, faire, demander, devoir* :

> Aus chevaliers le montre et dit :
> « Vez, voi ci le plus hardi home
> Qui soit d'Illande jusqu'à Rome :
> Il *a* plus cuer que un lion. »
> Cil respondent que ce *a mon.*

> Ta suer n'*a* mie peliçon.
> — En non Dieu, mère, ce n'*a mon*;
> Mès se Dex plest un en aura.
>> Méon, *Nouveau Recueil*, I, 253, 205.

> Car par Mahom! bien malcureux
> *Sont* de diffamer nostre loy.
> — Se *sont mon*, foy que Mahom doy!
>> *Mystère de saint Crespin*, p. 5.

> Dame, allons seoir ; trop jeuner
>> N'*est* mie bon.
> — Par foy! monseigneur, ce n'*est mon.*
>> *Théâtre au moyen âge*, p. 255.

> A folie me *font* entendre.
> A folie, voir, ce *font mon*,
> Car je n'i voi nule raison.
>> *Roman de la Manckine*, v. 458.

> Onques mais n'aiday à porter
> Corps si pesant con cesti-ci;

> Je croy que non *fis*-tu aussi.....
> — Se *ne fis mon*, par nostre Dame!
>> *Théâtre au moyen âge*, p. 571.

> Or *demandes mon* s'il raura les choses qu'il
> avoit achetées ?
>> *Le Conseil de Pierre de Fontaines*, p. 175.

> Ha, sire Dieu! con de cuer fin
> Te *devons* bien glorifier....
> — Par foy! dame, ce *devons mon*,
>> Il est certain.
>> *Théâtre au moyen âge*, p. 264.

Jusqu'au XVIIe siècle nos plus célèbres écrivains ont fait usage de cette particule.

> *Est-ce* point Juda ou Simon?
> Non est, sy est; c'est il, c'*est mon.*
>> CL. MAROT, *Épîtres*, II, 10.

> *Sçavoir mon*, si Ptolomée s'y est trompé aultres
> fois... si ce ne seroit pas sottise de me fier maintenant à ce que ceulx-ci en disent.
>> MONTAIGNE, *Essais*, II, 12.

Il est assez curieux de retrouver *mon* sous forme d'exclamation dans un *Mystère* du XIVe siècle et chez Molière.

> ...... *Sà, mon!*
> Sà, Pille-Avaine! sà, bonne erre!
> Le roy si vous envoie querre.
>> *Théâtre au moyen âge*, p. 600.

M. JOURDAIN.

Lorsque je hante la noblesse, je fais paroître mon jugement, et cela est plus beau que de hanter votre bourgeoisie.

MADAME JOURDAIN.

Ça *mon!* vraiment, il y a fort à gagner à fréquenter vos nobles....

> MOLIÈRE, *le Bourgeois gentilhomme*, III, 3.

Enfin, Moyssant de Brieux s'exprime ainsi, en parlant de *mon :* « Le peuple s'en sert dans son sérieux, et il n'a rien de plus fréquent dans la bouche que de dire, lorsqu'il veut affirmer ou confirmer quelque chose : C'est un fort bon homme, c'*est mon*; voilà un grand malheur, c'*est mon.* »

>> *Origines de quelques coutumes anciennes*
>> *et de plusieurs façons de parler*, p. 14.

Montrie, 83; voy. *Mostrée*.

Mors, 6, mœurs.

> Honors muent et varient les *mors.*
>> *Proverbes ruraux et vulgaus.*

Mortalles, 8o, funérailles, obsèques. Voir au mot *Mortailles* un extrait du *Livre de Justice et de Plet,* imprimé dans le *Glossaire* de Roquefort, II, 210.

Ceste action qui est apelée de *mortaille* nest de bien et de loiauté, et contient ce qui est despendu por la sépulture tant seulement.

Anc. trad. du Digeste, fol. 139 v°, c. 2.

Mostrée; 127; *motrée,* 128, montre, vérification, descente sur les lieux. *Motrée d'armes,* inspection, revue.

Mot, 231, sort, vient. Voy. *Moveir.*

Mouster, 19; *moster, moters,* 164; *mostiers,* 24; *moutier,* 84, monastère, couvent, communauté, abbaye.

Li abbés le atendi en le *mouster.*

BENOÎT, *Chron. de Normandie,* III, 622, col. 1.

Et fist cloistre et fist refroiteur,
Et près du *mostier* le dorteur.

MÉON, *Nouv. Recueil,* II, 36o.

Li lieu saint si sont cil qui sont dédié et establi por fere le service nostre Segneur, si comme églises, *moustiers,* capeles et chimentieres et mesons privilegiés d'abeïes.

BEAUMANOIR, *Coutumes du Beauvoisis,* I, 164.

Mout, 14; *moult,* 34; *mull,* 5; *moz,* 38; *molt,* 252; *mouz,* 43, beaucoup, très.

Mult ben i fiert Oliver et Rollant.

Chanson de Roland, coupl. CIX.

Moult i aura, ce quit, grant gent
Por estre à cel tornoiement :
Li marchéant por gaaigner,
Et por lor pris li chevalier.
Mais chevaliers ensorquetout
Cuit-ge que il i aura *moult.*

Partonopeus, v. 6611.

... Et soufferroit
Mout de tourmenz, *mout* de doleurs,
Mout de froiz et *mout* de sueurs.

Roman du Saint Graal, v. 8.

A tant de gent come il porent avoir, et ce fu *molt* poi.

VILLEHARDOUIN, *Conq. de Constantinoble,* CXXXVIII.

Mov (*li encien furent*), 277, les anciens furent mobiles, changeants.

Movables (*choses*), 151, meubles, objets mobiliers.

Moveir, 18; *mouver,* 8o, mouvoir, produire, faire naître.

Muat (*li*), 105, les muets. Voy. *Muz.*

Muement, 134, mutation, changement.

Suls est veirs Deus veraiement
Qui fu e est senz *muement.*

BENOÎT, *Chron. de Normandie,* v. 23921.

Muer, 35, 344; *muez,* 110; *meuée,* 77; *mouer,* 184, changer, changé, changée, faire des mutations.

Sauf à nostre seingneur le roy et à nous et à nos successeurs, prevos de Paris, de *muer,* de croistre, d'amenuisier, d'ajouster, oster et corriger es choses devant dites.

Le Livre des Métiers, p. 409.

Li droiz communs ne puet pas estre *muez* par les covenanz que aucun font.

Anc. trad. du Digeste, fol. 3o v°, c. 1.

Muet, 345, meut, soulève.

Musart, 72, fainéant, étourdi, écervelé, vaurien.

Comme *musars* bien m'amusai.
Mult est *musars* qui Dieu ne croit.

RUTEBEUF, II, 276, 16o.

Mule (*la cité de*), 191, la ville de Modène.

Muz, 110; *mu, mut,* 183; muet. *Sort et mu,* sourd et muet.

Li *mus* ne pot fere convenence, porce qu'il ne pot parler.

BEAUMANOIR, *Coutumes du Beauvoisis,* II, 33.

Cil furent tot taisant et *mu,*
Ne bien ne mal n'ont respondu.

WACE, *Roman de Brut,* v. 7705.

Il fait les *mus* parler et rent oïe as sours.

Ms. 283, in-fol. B. L. Fr., fol. xlviij, v°, c. 2. Bibl. de l'Arsenal.

Nafre (*qui*), 282, qui blesse, estropie.

Tanz genz *nafrer,* plusors morir.

BENOÎT, *Chron. de Normandie,* v. 32368.

Qui navre autrui ou afole, il li doit rendre ses damaces (dommages).

BEAUMANOIR, *Coutumes du Beauvoisis,* I, 416.

Nanée, 256, année.

Nanter, 175, nantir, demander un nantissement, une garantie.

Nans, 313, nantissement, gage.

> Seur lettre, seur plège, ou seur *nans*.
>
> RUTEBEUF, I, 121.

> Cil se reclaimme à tort, à qui bons *nans* sunt ofert por le valor de se dete, dedens le jor du commandement.
>
> BEAUMANOIR, *Coutumes du Beauvoisis*, II, 320.

Nativeté, 210, naissance, origine.

> Li jorz de nostre *nativité* ou del comencement de nostre empire.
>
> *Le Conseil de Pierre de Fontaines*, p. 333.

Naturément, 247, naturellement.

Naturés, 80; *naturex*, *naturez*, 247, naturel, légitime. *Filz naturés*, fils légitime.

Nautonier, 120; *notenier*, 280; *notoners*, 120; *notonners*, 124, batelier, conducteur de barque, marinier. Au mot *Notenier*, le *Glossaire* de Roquefort, II, 246, donne un passage du *Livre de Jostice et de Plet*.

Navie, 94, navire, barque, bateau, flotte. Voy. *Nef*.

> Od grant *navie* e merveilluse,
> Isnele e hastive et coituse.
>
> BENOÎT, *Chron. de Normandie*, v. 4815.

> A Bar en Puille est la *navie* grant :
> Tant i a barges e dromons e calans,
> Et galietes et escipes corant,
> Tote mer covre tant est l'estoire (flotte) grant.
>
> *Ogier de Danemarche*, v. 2314.

Ne, 278, et.

> Mais se g'i fusse à tans (temps) venus ,
> *Ne* jou *ne* Gautiers li Testus,
> *Ne* Baudons, mes cousins germains,
> Diable i éussent mis les mains :
> Jà n'en fust partis sans bataille.
>
> *Théâtre au moyen âge*, p. 107.

Nef, 64, bateau, barque. *Sa nef ariver*, amener sa barque à la rive.

> Nos apelons *nef* qui cort par mer ou par flueve ou par estanc, jà soit ce que ele soit petite.
>
> *Anc. trad. du Digeste*, fol. 165 r°, c. 1.

> Ains c'on mueve le *nef* du port,
> La doit-on joindre si très fort
> C'on voist par mer séurement.
>
> *Vers sur la Mort*, st. XLVIII.

> Puis fist ajoster grant navie,
> *Nefs* e esnekes granz, ferrées.
>
> BENOÎT, *Chron. de Normandie*, v. 27140.

Neis, 250, même.

> Li prévolz dit droit *neis* quant il juge malement, quar l'en ne regarde pas à ce que li prévolz fet, mès à ce que il doit fere.
>
> *Anc. trad. du Digeste*, fol. 3 v°, c. 1.

> Femes fist destruire et enfans
> *Neis* les petits alaitans.
>
> WACE, *Roman de Brut*, v. 14859.

Neporquant, 246, 346, néanmoins, cependant.

> Les menues parceles de quoi li cors d'ome est fez se changent chascun jor, et autres viennent en leur leu, et *neporquant* ce est uns meismes cors.
>
> *Anc. trad. du Digeste*, fol. 76 r°, c. 2.

> Rou vint en Normendie, à Jumèges tot dreis;
> N'iert mie crestien, ne bauptizé n'esteit,
> *Ne porquant* en son cuer ameit Deu e cremeit.
>
> WACE, *Roman de Rou*, v. 1153.

> Que malditte soit l'eure que me sui acordez !
> *Non pour quant* il me fault tenir mes loiautez.
>
> *Chron. de Bertrand du Guesclin*, v. 2007.

Ne's, 57, ne les.

> Il désirent les trespassables choses et despitent les permanables u *ne's* entendent.
>
> *Livre de Job* à la suite des *quatre Livres des Rois*, p. 493.

Néust, 139, nuisit.

> Grans fu l'ocise, graindor fust
> Se li presse ne lor *néust*.
>
> WACE, *Roman de Brut*, v. 13529.

> Se la pais de sa dame éust,
> Il ne fust riens qui li *néust*.
>
> *Roman de la Manekine*, v. 2379.

Neveu, *nevou*, 66, petit-fils. On dit encore aujourd'hui, nos *neveux*, pour nos descendants. Voy. *Niés*.

> Li *neveu* qui ne descendent pas de filz, mès de fille, se pueent plaindre que li testamenz lor aiel n'est pas à droit fez.
>
> *Anc. trad. du Digeste*, fol. 76 v°, c. 1.

Nevoz, 339, neveux. Voy. *Niés*.

Ni, 7, 345, négation, dénégation.

Niance, 144, négation, dénégation.

> Ceus qui nient, qui sont ataint de leur *niance*.
>
> *Le Livre des Métiers*, p. 198.

> Sans entrer en connissance ne en *niance*, et sans alliguier autre reson que le serement.
>
> BEAUMANOIR, *Coutumes du Beauvoisis*, I, 435.

Niant, 29, néant, rien. Voy. *Noiant*.

> Por lor proières ne valt faire *niant*.
>
> *Ogier de Danemarche*, v. 5907.

Nicement, 52; *niscement*, 47, sottement, étourdiment, follement.

> Souvent pert-en son plait à parler *nicement*.
>
> *Chron. de Bertrand du Guesclin*, v. 20914.

Niceté, 76, simplicité, sottise, ignorance.

> Vous fesistes *niceté* fole
> Quant vous en tenistes parole.
>
> Rutebeuf, II, 376.

Niés, 58; *niez*, 82; *nevou*, 59, neveu, petit-fils.

> Charles fu acordez à Raymon de Baivier,
> Son *neveu* Baudoin en apela premier :
> Biax *niés*, dist l'ampereres, bien vos vuel aaisier.
>
> *Chanson des Saxons*, I, 158.

> Ses *niés* ert, fils de sa serour. . . .
> Et li dus son *neveu* acole.
>
> *Roman de la Violette*, v. 5703, 5760.

> Se cil qui a un fill prent aucun en adopcion
> autresi comme *neveu*, quant il muert, li *niés* ne
> remaint pas en la poesté son fill.
>
> *Anc. trad. du Digeste*, fol. 9 v°, c. 1.

Noiant, 23; *noient*, 18, néant, rien.

> Puis fiert Jenfroi qui tenoit Luisignan,
> Onques li hialmes ne li valut *noiant*.
>
> *La Mort de Garin*, v. 1954.

> Por *noient* vit au siècle qui por Dieu ne labeure.
>
> Rutebeuf, I, 400.

> Chief de œvre de deus piaus ne doit *noient*.
>
> *Le Livre des Métiers*, p. 281.

Nombrez (en deniers), 337, en argent comptant.

Nomemant, 38; *nonmement*, 37; *nomeement*, 140, nomination, nominativement.

Nomemenz, 232; *nomemant*, déclaration, reconnaissance.

Non aagé, 116, mineur.

> L'an n'a pas aucion de tricherie contre *non aagé*, mais il a aucion contre autre.
>
> *Le Livre de Jostice et de Plet* est cité par Roquefort, *Glossaire*, II, 242, au mot *Non aage*.

Nonce, 92, annonce. *Nonce aucun*, annonce à quelqu'un.

Noncier, 152, annoncer, déclarer.

Nos. noz, 302, nôtres. Voir, dans le *Glossaire* de Roquefort, II, 245, un exemple du mot *Nos* emprunté au *Livre de Jostice et de Plet*.

Notenerie, 121, état, profession de batelier, de marinier. Voy. *Nautonier*.

Noviaus [novel], 238, nouveau, nouvel.

Nues [mues?], 7, muées, changées.

Nuisance, 38, dommage, préjudice.

> Quele *nuisance* a-il se li home qui sont sage d'aucune chose, en jugent?
>
> *Le Conseil de Pierre de Fontaines*, p. 263.

> Mout treuve au siècle de *nuisance*.
>
> Rutebeuf, I, 273.

> Mès contre lui s'appareilloient
> Pour lui fere *nuisance* et grief.
>
> Godefroy de Paris, *Chron.*, v. 3745.

Nuissement, 139, dommage, préjudice. Voy. *Nuisance*.

> Ne fai à nullui *nuisement*
> Se vivre veuls séurement.
>
> Robert, *Fables inédites*, II, 468.

Nuitantre, 289; *nuitantrée, nuitentrée*, nuitamment, pendant la nuit.

> Alèrent andui *nuitantre* en l'ost, truvèrent le rei dormant en sun paveillun.
>
> *Les quatre Livres des Rois*, p. 103.

> Il li a ce fait fausement et desloiaument, en traizon, sans deffiance, et *nuitantre*, se ce fu de nuit.
>
> *Assises de Jérusalem*, I, 488.

Nuiz (as), 274, *dedans les nuiz, ara les nuiz*, dans les délais, aura les délais.

Nuizentre (de), 235, pendant la nuit, nuitamment. Voy. *Nuitantre*.

Nului, 216, nul, aucun, personne.

> Le justice espirituel ne doit *nului* metre à mort.
>
> Beaumanoir, *Coutumes du Beauvoisis*, I, 158.

> Ce est aussi granz cruaultez de pardonner à tous com de pardonner à *nului*.
>
> *Proverbes Seneke le Philosophe*.

O, 14; *ou*, 57, 77, 95, avec. *O l'asentement*, 27, avec l'assentiment, le consentement. *Plède ou le père*, plaide avec le père.

> Et le retint *o* lui et fu moult ses privez.
>
> *Chron. de Bertrand du Guesclin*, v. 2020.

> Enfer portons *o* nous partout où nous alons,
>
> Jubinal, *Fabliaux*, I, 150.

Oblience, 199, oubli.

Obliez, 240, oublies.

> Mes seigneurs, je suis desconfis.
> Se vo pitié n'y remédie,
> Car comme oublier par Paris
> Crier me faut : *Oublie ! oublie !*
>> *Poésies d'Eustache Deschamps*, p. 153.

Obligemant, 129, obligation.

> Toz *obligemenz* est tenuz por marchié.
>> *Le Conseil de Pierre de Fontaines*, p. 343.

> Se une chose fu obligiée sanz escriture, et il
> puet estre prouvé, li *obligemenz* est tenables,
> quar les escritures ne soit fetes fors por prouver
> plus légièrement ce qui est fet.
>> *Anc. trad. du Digeste*, fol. 25t r°, c. 2.

Occerre, 235, occire, tuer. Voy. *Ocis*.

> Il me mehaingnera ou m'*occerra*.
>> Beaumanoir, *Coutumes du Beauvoisis*, I, 483.

> Voir, dans le *Glossaire* de Roquefort, II, 253,
> au mot *Occir*, un exemple tiré du *Livre de Jostice et de Plet*.

Occision, ocision, 311, meurtre, tuerie, carnage.

> Et mout estoient durement lassés de la bataille
> et de l'*ocision*.
>> Villehardouin, *Conqueste de Constantinoble*, cv.

> Uns chevaliers apela trois autres chevaliers
> d'une *ocision* fete en traïson et malvesement.
>> Beaumanoir, *Coutumes du Beauvoisis*, II, 390.

> Feu et flambe et *occision*
> Mist par toute sa région.
>> Godefroy de Paris, *Chron.*, v. 3734.

Ocis, 57, occis, tué.

> Nos apelons home *ocis*, coment que il soit
> tuez, ou o glaive ou o baston ou o autre arme,
> ou as mains, si come se il l'a estranglé, ou féru
> del pié.
>> *Anc. trad. du Digeste*, fol. 113 r°, c. 1.

> (Isorés) Fromont apelle, si l'a à raison mis :
> « Où est mes pères ? je ne l' vois mie ci.
> — Biaus niés, dist-il, par foi, il est *ocis :*
> Mort l'a dux Bègues li Loherans chaitis.
>> *Garin le Loherain*, I, 262.

> Li sans Abel requist justise
> Quant la persone fu *ocise*.
>> Rutebeuf, I, 73.

Oir, 59, héritier. Voy. *Heir*.

> Maisons et terres et avoirs
> Vienent de par li père as *oirs*.
>> Rutebeuf, II, 373.

Oïr, 341, ouir, entendre ; *orra*, 347, entendra.

Oisiaus (*li*), 322 ; *oisiel* (*à l'*), l'oiseau, à l'oiseau.

> Ainsinc cum fait li oiselierres
> Qui tent *à l'oisel*, comme lierres,
> Et l'apele par dous sonnés....
> Li fox *oisiaus* de li s'aprime.
>> *Roman de la Rose*, v. 21757.

Olme, 284, sorte de peine, de supplice.

Onques, 111 ; *onc*, 235 ; jamais. Voy. *Unques*.

> Et Renars qui *onc* n'ot bonté....
>> *Roman du Renart*, v. 5928.

> Chanson m'estuet chanteir de la meilleur
> Qui *onques* fust ne qui jamais sera.
>> Rutebeuf, II, 7.

Ons (*li*), *ome* (*de l'*), 320, l'homme.

Orb, 132 ; *orp*, 103, 105, 257, aveugle.

> Lors ne fist Diex mesel, tigueux, *orb* ne truant.
>> Rutebeuf, II, 482.

> Les contrais redrechier, les *orbs* enluminer,
> Et as sours rendre oïe, les muiaus fist parler.
>> Ms. 283, in-fol., B. L. Fr., fol. xlviij, v°,
>> c. 2. Bibl. de l'Arsenal.

Ordenaire, 62.

> Li juges *ordinaires....* est cil qui, par desoz
> l'apostoile, a pooir d'oïr les causes qui apartiennent à sainte églyse.
>> Tancrède, *li Ordinaires*, fol. 1 r°, c. 1.

Ordeneemant, 4, ordonnance, règlement, établissement. Voy. *Ordenement*.

Ordenement, 59 ; *ordenemant*, 342, ordre, arrangement, règlement.

> Par lequel *ordenement* il convient.... à la court
> de uzer et faire ataindre murtre.
>> *Assises de Jérusalem*, II, 322.

Ordenes (sains), 102, les saints ordres.

Ordenez (*clerc*), 102, qui a reçu les ordres, prêtre.

> Poures clers et *ordenez*.
>> Benoît, *Chron. de Normandie*, III, 485.

Ore, 8, 143 ; *ores*, 246, maintenant, actuellement.

> Orains ert haus, et *ore* est bas.
>> *Roman de la Manckine*, v. 4648.

> Le *Glossaire* de Roquefort, II, 267, au mot
> Ore, cite un passage du *Livre de Jostice et de Plet*.

Orfenin, 58 ; *orfelin*, 61, orphelin, privé de père
et de mère.

Originaus (*cil*), 51, cet original.

Ort lieu, 327, lieu sale, honteux. V. *Longaingne*.

Os (d'), 239, d'eux.

Osi, 226, aussi.

Ost le roi, 104, 281, l'armée du roi.

Cil pot ensonier loialment qui est semons à
aler en l'*ost le roy* ou la royne ou le conte.
BEAUMANOIR, *Coutumes du Beauvoisis*, I, 71.

Ostains, 2, opposions.

Oste, ostes, 71, hôtes, habitants, colons, locataires.

Ostement, 50, suppression, destitution.

Ostrage, 322; *otrage*, 167, excès, abus.

Il n'i despendi à *outrage*, ou plus que li morz
ne conmanda.
Anc. trad. du Digeste, fol. 85 v°, c. 2.

De toz les geus c'omme set fère
Ne puet-il mains de porfit trère
Que de vin boivre par *outrage*.
RUTEBEUF, II, 437.

Ostre, 23, 200, 292; *otre*, 228, outre.

Ostroiast, 129; *otroera*, qu'il octroyât, qu'il accor-
dât.

L'en doit *ostroier* à chescun que il purge et re-
face chambre coie (garde-robe), mais nus ne la
face nove sans l'ostroi à celui qui a la cure des
conunes voies.
Livre de Jostice et de Plet, cité par Roquefort, *Glossaire*, II, 276, au mot OSTROI.

Osures, 342, usures.

Ot (servise d'), 238, service militaire. Voy. *Ost*.

Otrageux, 72, insolent, audacieux. Voy. *Ostrage*.

Ou, 11, au, voy. *O*.

En leur nons, et *ou* non de toute la communauté.
Le Livre des Métiers, p. 383.

Ouers, 192, ouiz, entendus.

Oultre menez, 57, mal menés, maltraités.

Outresint, 161, voy. *Autresi*.

Ouerz, 192; *overt*, 200. Voy. *Ouerz*.

Ovrer, 10, 13, 104, opérer, agir. *Ovrer de celle
vie*, mener cette vie, cette conduite.

Et comment on en doit *ovrer*, il est dit el ca-
pitre des meffès.
BEAUMANOIR, *Coutumes du Beauvoisis*, II, 182.

Icil qui ces miracles li véoient *ovrer*.
Ms. 283, in-fol., B. L. Fr., fol. XLVIII v°,
c. 2. Bibl. de l'Arsenal.

Paage, 134, péage, redevance.

Paagiers est à petit Pont pour ce qu'il doit
demander son *paage* as marchans.

Ceux qui les coustumes et les *paages* doivent.
Le Livre des Métiers, p. 282.

Paagier, 281, receveur, percepteur de péage.

Panier à mercier (ne paie) noiant, fors tant
que le *paagier* puet prendre une aguille ou une
atache de poitevine.
Le Livre des Métiers, p. 293.

Painblié, 147, denrée taxée?

Paor, 113; *peor*, 110, 113, peur, crainte, effroi.

Et sachiez que j'oi grant *paor*
Et fui mis en mult grant fréor.
RUTEBEUF, II, 240.

La *peor* d'ome couart n'apartient pas à drete
poor, mès cele qui chiet... sor hom ferm et hardi.
Le Conseil de Pierre de Fontaines, p. 144.

Paranz, 289; *parent*, 57, 160, apparent, e,
évident, e.

Le soir qu'il ot jà mainte estoile
Parant el ciel...
RUTEBEUF, I, 297.

Parçoner, 202; *parçonière*, 203; *perçoners*, 109,
participant, associé, complice.

Quiexconques servises est deuz à un champ,
il est deuz à totes les parties del champ, et jà
soit ce que une partie en soit vendue, li servises
xiura toutes les parties, et tuit li *parçonier* por-
ront chalengier le servise.
Anc. trad. du Digeste, fol. 105 bis v°, c. 2.

En lur error n'avoient pas *parzoniers*.
SAINT GRÉGOIRE, *Dialogues*, III, 28.

De ma perte estes *parçonier*
Et del gaaing, quant je l'conquier.
WACE, *Roman de Brut*, v. 11066.

Pardurable, 94; *perdurable*, 112, stable, cons-
tant, éternel.

Ceste action est *perdurable* et non pas tem-
porel.
Anc. trad. du Digeste, fol. 136 v°, c. 2.

Justice est volenté ferme et *perdurable* qui
rend à chascun sa droiture.
Le Conseil de Pierre de Fontaines, p. 472.

En enfer iert dampnée en *pardurable* flame.
RUTEBEUF, II, 328.

Parel, 10; *paroiz*, 183, pareils, égaux.

Parent, 57, 160, l'apparence, l'évidence, voy. *Parans*.

Pares, 239 , paires.

Parfin, 36, fin.

> Malvais fait son cuer apoiier
> A traïson, qu'en la *parfin*
> N'en aura-on jà bone fin.
>> *Roman de la Manekine*, v. 4528.

Parforcé, 30, forcé, obligé, contraint.

Parit? 298.

Parmaint, 7 ; *parmainent*, 63, subsiste, consiste, est maintenu.

Paroi, 128; *parroiz*, 256, ligne, côté, parenté.

Parolent, 285, parlent.

> Il loit à cheus qui ont à pledier qu'il quierent conseil et aucunnes personnes qui *parolent* pour eus; et cil qui *parolent* pour autrui sont apelé avocas.
>> BEAUMANOIR, *Coutumes du Beauvoisis*, I, 89.

> Soies taisans escouteres de celui qui *parole*, et s'on te demande aucune chose, respon si que cis t'entende à cui tu *paroles*, et si te délivre de celui qui ne veut se riote non.
>> *Proverbes Seneke le Philosophe*.

Parrastres, 242, beau-père.

> Aucunne fois muevent li contens en mariage par le haine que li *parrastre* et les marrastres ont envers lor fillastres.
>> BEAUMANOIR, *Coutumes du Beauvoisis*, II, 333.

> Un mal ne dure mie adès (toujours);
> Uns anz est père, autre *parrastre*,
> Se cist anz vous tient à fillastre,
> Soiez si preus et si gentiz
> Que à l'autre an soiez ses filz.
>> Méon, *Fabl. et Cont. anc.*, I, 373.

Pars, 40. Voy. *Pers*.

Part, 293, paratt.

Partable, 221, partageable, divisible.

> L'en demande se la chose qui ne puet estre départie vient en cest jugement, si comme voie et charrière et tiex choses qui ne sont pas *partables*.
>> *Anc. trad. du Digeste*, fol. 127 r°, c. 1.

Partant, 264, par autant.

> Doivent aidier aus cordouaniers à paier les hueses le roy, et *par tant* pueent-il ouvrer de quel cuirien qu'il leur plest.
>> *Le Livre des Métiers*, p. 214.

Partie, 154, partage, repartition.

Partir, 77, 151, partager, séparer, diviser.

> Si que li poure home puissent prendre part avec le riche, se il *partir* veulent.
>> *Le Livre des Métiers*, p. 55.

> Fiez n'est mie sofisanz à *partir*, dont chascune partie ne vaut au meins I.X sous.
>> *Le Conseil de Pierre de Fontaines*, p. 419.

Partiz, 2, partagé, divisé, séparé.

> Et si vous di qu'eu iij parties
> Estoient ses eures *parties* :
> Dormir, ou mengier ou orer.
>> RUTEBEUF, I, 307.

> Momens, une partie dou tens ki ne puet estre *partis*.
>> *Glossaire du* xv° *siècle*.

Pateor, 121, gens qui tenaient des maisons de jeux défendus. Voy. *Glossaire* de Roquefort, II, 315, au mot *Pateors*, l'exemple tiré du *Livre de Jostice et de Plet*.

Paumée, 8, coup de paume de la main pour conclure un marché, un bail, une convention.

> Se aucuns du mestier i sorvient à la *paumée* faire ou au denier Dieu baillier, il en a la moitié.
>> *Le Livre des Métiers*, p. 17.

> Je vous créanterai sanz guerre
> Et fiancerai maintenant ,
> *Ma main en la vostre tenant,..*
> Que vous r'aurez vo terre quite.
>> Méon, *Fabl. et Cont. anc.*, I, 179.

Peant, 140, pendant, en pente.

Peçaée, 235, *peceaie*, 160, percée , dépecée, mise en pièces.

Pecéement, 161, dépècement, bris. *Pecéement de nef*, bris de navire.

Peceors, 317, 320, briseurs. *Peceors de chemin*, destructeurs de chemin.

Peceure, 160, 299, dépècement, bris, effraction.

Peçoie, 160, met en pièces.

> Grant cop li done sor son escu luisant.
> Desous la bocle li *peçoie* et porfaut.
>> *Ogier de Danemarche*, v. 3032.

Peçoiement, 307, effraction , bris.

Peliçon, 343, pelisse, mantelet.

> Tant mantel vair, tant *peliçon*,
> Tant coffre ne tante vaissele.
>> BENOIT , *Chronique de Normandie*, v. 9653.

Penoirront (*le*) [*l'espenoirront*], 76, l'expieront. Voy. *Espenoir*.

Peor, 55, 79, pire.

Peor, voy. *Paor*.

Perdurable, voy. *Pardurable*.

Perpétués, 337, perpétuels.

Pers de France, 68; *pers d'une commune*, 12, 264, pairs, échevins, égaux.

> De doce *France* i sont li donze *pers*.
>> *Ogier de Danemarche*, v. 9515.

> *Pers* aus barons, aus povres peires,
> Et aus moiens compains et frères.
>> Rutebeuf, I, 44.

> Li mendres n'a pas conmandement seur le gregneur ne li *pers* seur son *per*.
>> *Le Conseil de Pierre de Fontaines*, p. 482.

Personés, 337, personnels.

Pertuis, 207, trou, ouverture.

> Et Renars, qui fu en destrece,
> Vers le *pertuis* les saus adresce
> Par là où entrés y estoit.
>> *Roman du Renart. Suppl.*, p. 83.

> Que les *pertuis* soient bien drois percés.
>> *Le Livre des Métiers*, p. 187, note 2.

Peticier, 138, apeticer, diminuer, restraindre.

Petit, 5, peu, petite partie, fragment.

> Hom sanz mesure certes valt molt *petit*.
>> *La Mort de Garin*, v. 106.

> Mult ont grant force, nos en avons *petit*.
>> *Ogier de Danemarche*, v. 7154.

Pex, 149, pieux.

Piez, 1, parties.

Pile à battre tan, 321, pilon à écraser le tan.

Piz, 330, poitrine; *lor metoient seignaus ès piz*, leur plaçaient des signes sur la poitrine.

> De totes pars le venoient férir
> Et as costés et as bras et au *pis*.
>> *Ogier de Danemarche*, v. 7107.

Plaige, 117, voy. *Pléges*.

Plain, 201, *le cas est plain*, la chose est évidente.

Plaintis, 286 [*plaintif*], plaignant.

> Aucune fois avient que aucuns est *plaintis* de novele dessaisine....
>> Beaumanoir. *Coutumes du Beauvoisis*, I, 473.

Plédier, 89, voy. *Emplédier*.

Plegen, 4, garantie. Voy. *Pléges*.

Pléges, 79, *pleige*, 88, caution, garant.

> Cil qui est obligiez en autrui non, est apelez *plége*.
>> *Livre de Jostice et de Plet*, cité par Roquefort, *Glossaire*, II, 242, au mot Non.

> Se cil qui mist *plége* d'estre à droit muert ainz que li jorz li soit mis, li *pléges* est quites.
>> *Le Conseil de Pierre de Fontaines*, p. 45.

> Quar nos n'avons de vivre ne *plège* ne fiance.
>> Rutebeuf, I, 401.

Plenier, 28, plein, entier; *plenier pover*, *poer*, plein pouvoir.

> Ben a cinq ans aconplis tos *pleniers*.
>> *Ogier de Danemarche*, v. 8187.

> Saches bien que, selon Deu, tu n'as mie *plénière* posté sor ton vilein.

Plénièrement, 10, entièrement.

> Nos devons espondre *plénièrement* le bénéfice l'empereeur.
>> *Anc. trad. du Digeste*, fol. 7 r°, c. 2.

Plevine, *plevines*, 72, 87, 203, 313, cautions, garanties, témoignage. Voy. *Plevir*.

> Toutes les foiz que *plevine* ou caucion est donée oscurément, il ne semble pas que caucion soit donée.
>> *Anc. trad. du Digeste*, fol. 21 r°, c. 1.

> S'on demande à aucun *plevine*, et il nie en cort qu'il n'en est pas pleges, et puis en est atains par proeves, il convient qu'il face plégerie, et si amende le niance.
>> Beaumanoir, *Coutumes du Beauvoisis*, II, 172.

Plez, 111; *pleiz*, 68; *pleit*, 348; *plest*, 182; *plet*, 13, plaid, procès, procédure, action judiciaire.

> Je t'ai basti si bien ton *plet*
> Quanques tes sires t'a mesfet
> T'amendera.
>> Rutebeuf, II, 87.

Plevir, 273, cautionner, garantir.

> Ce vous os jurer et *plevir*.
>> *Roman de la Rose*, v. 10651.

Plusors, 236; *plusheirs*, plusieurs.

> Et s'il i a *plusheirs* contez et *plusors* baronies.

Voy. à ce mot le *Glossaire* de Capperonnier et le *Glossaire* de Roquefort, II, 368.

Po, 71; *poi*, 258; *pou*, 90, 279, peu, rarement.

> De *po* de chose se puet-an bien honir.
>> *La Mort de Garin*, v. 190.

> *Poi* ont vitaille, grant gent ont.
>> Wace, *Roman de Brut*, v. 10244.

Asseiz dient, mais il font *pou*.
> RUTEBEUF, II , 74.

Soit *pou* ou grant ou nient.
> *Le Livre des Métiers*, p. 405.

Poeit, 13, pouvait. Voy. *Pooir*.

Poesté, 46 , 247, 335, 336, pouvoir, puissance.
> Par bataille resoit prové
> Li quels ara la *poesté*.
> WACE, *Roman de Brut*, v. 12134.

Poi, voy. *Po*.

Poigna (se), 187, s'efforça.

Pooir, 2; *poer*, 9, 15; *poeir*, 52; *poir*, 3o , 336; *pouer*, 45; *poiers*, 3oo, pouvoir, puissance, autorité.

Li offices au bon juge est d'abatir et de finer les plez à son *pooir*.

Par le *pouer* que il donnèrent aus trois preudes hommes mestres du mestier.
> *Le Livre des Métiers*, p. 2, 365.

Poor, 113, peur, crainte, terreur. Voy. *Paor*.

Poor est tremblement de pensée por cause de périll qui est présent ou qui est à venir.
> *Anc. trad. du Digeste*, fol. 48 v°, c. 2.

Porchacier, 122, 317, entreprendre, rechercher, revendiquer, poursuivre.
> Et si me sui toz tens penez
> D'amis aquerre et *porchacier*.
> *Le Chastoiement*, conte 1, v. 15.

Porchaz , 168, 230, produit; *de porchaz*, de rencontre, de raccorc.

Enfant sont apelé *de porchaz* qui ne pueent pas mostrer lor père.... et il sont apelé bastart.
> *Anc. trad. du Digeste*, fol. 8 r°, c. 1.

Cil qui nest de franche mère et de père que l'en ne set qui il est,..... est conceus *de pourchaz*.
> *Le Conseil de Pierre de Fontaines*, p. 500.

Porforcent, 337, forcent, contraignent.

Porloigne, 5o, prolonge, retarde, ajourne.

Li arbitres ne puet rien fere hors de la mise, et por ce il covient dire quant l'en fez mise que li jorz puisse estre porloigniez; et se l'en ne le dit, et li arbitres le *porloigne*, cil qui n'obéira à lui ne sera pas en paine.
> *Anc. trad. du Digeste*, fol. 69 r°, c. 2.

En totes les causes où li pleiz est *porloignez*.
> *Le Conseil de Pierre de Fontaines*, p. 280.

Porpris , 235, enclos, dépendances d'une habitation.
> Li mur entor sont à cimant ,
> Moult est bien fermez li *porpris*.
> RUTEBEUF. II, 31.

Portage, 123, port, transport.

Porvéance, 219, 279, prévoyance.

Porvéance est une vertuz qui fet quenoistre ce qui est à avenir.
> MS. 198, Suppl. fr., fol. 377 r°, c. 1.

Pou, voy. *Po*.

Poure, 61, pauvre , indigent; *poures genz*, 15, 343, pauvres gens.
> Tant vos donrai, jamais *poures* n'estrés.
> *Ogier de Danemarche*, v. 6173.

Poureté, 11, pauvreté, indigence.
> Rien ne puet tant homme grever
> Comme de cheoir en *poureté*.
> *Roman de la Rose*, v. 8012.

Prendre du sien, du leur, 23, etc., lever une amende sur une, sur plusieurs personnes.

Préos, 4, procès.

Presciens, 4, présent.

Présent (par), 180, à présent, actuellement, en personne.

Presterres, 167; *prestierres (li), presteor (au)*.

Des autres cozes prestées qui sunt demandées du *presteur*.... Se je ne le voil rendre et li *presteres* le veut ravoir par force de justice, il convient qu'il me face ajorner.
> BEAUMANOIR, *Coutumes du Béauvoisis*, II , 66.

Preu, 208, preuve.

Preu, 24, 58; *preus*, profit, avantage.

C'est *preus* à la chose conmune que nus n'use mauvèsement de sa chose.
> *Le Conseil de Pierre de Fontaines*, p. 504.

> Au *preu* et à l'amendement
> Et au porfit de bone gent.
> RUTEBEUF, II, 399.

Preudom, 25; *prodome*, 71, prud'homme, homme probe, expérimenté.
> Prodoms se doit en son ostel taisir.
> *La Mort de Garin*, v. 189.

Il est *preudon* et loians , de bonne vie et de bonne conversation.
> *Le Livre des Métiers*, p. 264.

Prévande, prévende, 23; voy. *Provandes*.

Prevoire, 180, voy. ***Provoire***.

> Cil fiert le *prevoire* en la main,
> Que l'estole li fist laissier.
>> *Roman du Renart, Suppl.*, p. 284.

Prez, 337, prêts.

Primes, 218, 219, en premier lieu, d'abord.

> *Primes* ariere e puiz avant.
>
> Et tote France conquerroit,
> Mais *primes* en Norguinge iroit.
>> WACE, *Roman de Rou*, v. 11740;
>>> *Roman de Brut*, v. 10049.

Prisons, 54, 282, prisonniers.

> Pou douteiz la parfonde tour
> Dont li *prison* n'ont nul retour.
>> RUTEBEUF, I, 62.
>
> Fist li rois venir ses *prisons*....
> Cinq contes tous enchaïnnez.
>> G. GUIART, *Royaux lignages*, v. 7027.

Procurator, 45, 79, 342, [*procurerres*] fondé de pouvoir, mandataire.

> *Procurators* est cil qui aministre autrui besoignes par le coumandement à celui qui eles sont.
>> TANCRÈDE, *li Ordinaires*, fol. 16 r°, c. 2.

Prode femme, 208, femme légitime; *prodes femmes*, matrones, femmes de bien.

> Par deseur tote créature
> Doit *preudefame* estre onnorée.
>> BENOÎT, *Chron. de Normandie*, III, 526.
>
> Tele a renom de *prodefame*
> A cui li pié tost glaceroit
> Qui un petit la hasteroit.
>> Méon, *Nouveau Recueil*, II, 43.

Proece, 168, œuvre, travail.

Prometeor, 94, 138 [*prometteres*], prometteur.

Provance, 206, preuve, administration de la preuve.

Provandes, 327, prébende, revenu attaché à une place de chanoine; canonicat.

> Symonie et lignages, prières et services,
> Donnent hui dignités, *prouvendes* et églises.
>> Jubinal, *Fabliaux*, II, 113.

Provoires, i; *provoire*, 126-220, prêtre.

> Junes font, messes dient li *provoire* e li moigne.
>> WACE, *Roman de Rou*, v. 1586.
>
> Ce sont li clerc et li *provoire*
>
> Et li chanoine séculer.
>> Méon, *Fabl. et Cont. anc.*, II, 337.

Proz, voy. ***Preu***.

Publiaument, 65, publiquement.

Puploie, 285, saisie, vendue à l'encan.

> Se cil qui est condampnez de crime t'a baillié 100 fr. à garder, et il est envoiez en essil et totes ses choses sont *peuploiées*, l'en demande se li 100 fr. li doivent estre rendu, ou se il doivent estre *peuploié* comme les autres choses.
>> *Anc. trad. du Digeste*, fol. 186 v°, c. 2.

Quanque, 28; *quanquez*, 57, *quantque*, 200, 217, 347, tout ce que.

> Il n'est pas ors *quanques* il reluit.
>> *Proverbes ruraux et vulgaus.*
>
> J'en ferai *quanque* tu voudras
> Et *quantque* tu en loeras.
>> *Le Chastoiement*, cont. xv, v. 163.

Quantes foiz, 130, combien de fois.

Quarz (li), 228; *la quarte*, 227, le quatrième, la quatrième.

Quas, 4, 14, cas.

Quassa, 19, cassa, annula.

Queconz, 238, 297, quelconque.

Quenessor, 42, connaisseur, juge.

Queneus, 53, 98; *queneuz*, 53, 91; voy. ***Conoistre***.

Queneuz, 81, allié, parent par alliance.

Quenoissance, 61; *quenoissence*, 3, 71, connaissance, rapport.

Quenoistre, 20; *quenoître*, 13, 126; *quenoetre dou tort*, 19, reconnaître, avouer. V. ***Conoistre***.

> Car si com li muls aveit honte
> De *quenoistre* la vérité....
>> *Le Chastoiement*, cont. III, v. 100.

Querele, 57, 350, plainte, demande en justice.

> Autant valent doi bon tesmoing por une *querele* gaaignier, comme feroient vint.
>> BEAUMANOIR, *Cout. du Beauvoisis*, II, 396.
>
> De plaiz et d'acboisonz ne's espernout noient:
> Li baron de la terre en ooient sovent
> Complaintes e *quereles* de la menue gent.
>> WACE, *Roman de Rou*, v. 3591.

Querone, querond, 32, tonsure, tonsuré, clerc. Voy. ***Corone***.

Querre, 304, querir, chercher.

> En lui avon bon mesagier
> Por *querre* la mort et cerchier.
>
> N'afiert à home de parage ,
> Por que il tiengne honor et terre ,
> Qu'aillors aille jugement *querre*.
>> *Roman du Renart,* v. 5895, 28778.

Qués, 106; *quex*, 37, quelles, lesquelles.

Queste, 12, enquête.

Qui, 11, qu'ils.

Quidoient, 48, croyaient, pensaient. Voy. *Cuidier*.
> Tex se *quide* chaufer, qu'il s'art.
>> RUTEBEUF , I, 442.

Quint, 60, 229; *quinte*, 277, cinquième, la cinquième partie.

Quoi (*por*), 173, pourvu que.

Racontemanz, 228, récit, narration.

> Ge ai apris par le *racontement* del honorable
> homme Fortunet.... Ce ke je or raconterai.
>> *Dialogues de S. Grégoire,* ms., fol. 63.

> Le *racontement* à ceus qui ne sont pas pré-
> sent.
>> *Le Conseil de Pierre de Fontaines,* p. 481.

> Entamement de plet est *racontement* de la
> principal cause fet de l'une et de l'autre partie
> par devant celui qui est leur juges.
>> TANCRÈDE, *li Ordinaires ,* fol. 67 v°, c. 1.

Raechier, 151, devenir rêche, aigrir.
> Et quex vins que ce soit, *reech* ou seurmere.
>> *Le Livre des Métiers,* p. 300.

Rafos, 322, fouille, excavation.

Raimbre, 118; *rainbre*, 341, racheter.
> Li aprentiz puet *raimbre* son service dou mes-
> tre, se il plaist à l'un et à l'autre.
>> *Le Livre des Métiers,* p. 248.

> De quanqu'il ont l'année pris
> Envoient le tiers à mesure
> Outre meir *raembre* les pris.
>> RUTEBEUF, I, 166.

Raimbors , 338, exacteur, concussionnaire.

Raiz, 64, retz, filets.
> Et le vilain qui lin sema,
> *Rais* et grans cordes fais en a
> Dont il en a maint oisel pris.
>> Robert, *Fables inédites,* I, 43.

Rapeau, 20 ; *rapiau*, 39, rappel, mention, révo-
cation.

Rapelable, 115, qui peut être rappelé, révoqué,
réformé par appel.

Rapeler, 24, 166, annuler, révoquer; *rapeler son
mandement, ses letres, son jugement*, révoquer son ordre, ses lettres, son jugement.

> On ne doit pas *rapeler* les marciés qui sont
> fet por les enfans sous aagiés en lor porfit, mais
> on doit *rapeler* cex qui sont fet en lor damace.
>> BEAUMANOIR, *Coutumes du Beauvoisis,* I, 268.

Rasure, 15, rature, biffage.

> Sanz nule autre aide les croit l'en (les instru-
> ments) pour quoi il soient sanz vice ou sanz *ra-
> sure* ou sanz effacéure de quoi soupeçon puisse
> nestre.
>> TANCRÈDE, *li Ordinaires,* fol. 97 r°, c. 2.

Rat, 290, rapt, viol.

> On apele *rat* feme efforcier.
>> BEAUMANOIR, *Coutumes du Beauvoisis,* I, 450.

Réambre, 328 ; *rembre*, 106; *renbre*, 274, racheter; *reimbent les causes*, rachètent les causes:
reambre chetis , racheter des captifs. Voyez
Raimbre.

Ravine, 309, rapine.

Raviseor, 320 [*raviserres*], ravisseur.

R'avoie, 62, adopte une seconde fois, de nouveau.
Voy. *Avoer*.

Réal, 335, royale.

Rebauderie, 121, voy. *Ribauderies*.

Receleur, 281, receleur.

> Aussi est coupables cil qui recete le larrecin
> comme cil qui l'emble, car se li malvès *receteur*
> n'estoient, il ne seroit pas tant de malfeteurs.
>> BEAUMANOIR, *Coutumes du Beauvoisis,* II, 493.

Receter, 26, recéler, donner asile, cacher ; *recetez
(avoit) les forzbanniz*, 25 , avait donné asile
aux bannis.

> Qui *recete* le bani de son segneur sor le
> hart, il desert c'on abate se mesou.
>> BEAUMANOIR, *Coutumes du Beauvoisis,* I, 422.

Receverres , 241, receveor, receveur, percepteur

Rechiet, 60, voy. *Chiet*.

Recordée, 217, raccordée, raccommodée.

Recorre, 179, recouvrer, délivrer, reprendre.

Recort, 62, 90, témoignage, enquête, jugement.

> Ne suefre jà de chose apesiée par concorde,
> dont escrit soit fet ou *recort* oï, que plez en soit.
>> *Le Conseil de Pierre de Fontaines*, p. 133.

> Nus mestre ne doit prendre son aprentiz fors pardevant deus preudeshomes ou trois du mestier à mains, qui entendent le *recort* de leurs conveneuces.
>> *Le Livre des Métiers*, p. 5o.

> Tous seignors doivent faire tenir les esgars et les conoissances et les *recors* que leur cours font.
>> *Assises de Jérusalem*, I, 582.

Recors, 92, reconnaissant.

Recovrer, 310; *recouvoir*, être admis.

Recréance, 20, 303, 319, possession provisoire, sous caution, de la chose en litige.

> *Recréance*, si est r'avoir ce qui fu pris por donner seurté de remettre loi [le] en le main du preoeur, à certain jor qui est nommés, ou aucune fois à le semonse du segneur qui fist penre.
>> *Beaumanoir*, *Cout. du Beauvoisis*, II, 301.

Redor, 27, roideur, rigueur.

Refermez, 33o, rétabli, confirmé.

Refez, 136, réparation, entretien.

Refraindre, 92, réfréner, réprimer.

> C'est grant enfance kant li hons ne set *refreindre* son couraige: qui plus peut, plus deit souffrir.
>> *Proverbes Seneke le philosophe*.

Regart, 3o5, jugement, décision. Voy. *Esgart*.

Relevaisons, 242; *relévesons*, 239; *relevoisons*, 243, relief, indemnité payée au seigneur à chaque mutation, rachat. Voy. *Reliés*.

Relevemanz, 237, voy. *Reliés*.

Relever, 239, restituer, remettre en l'état où l'on était avant la vente ou la donation.

Reliés, 242, 268, droit de mutation prélevé sur les biens en roture.

Remaindre, 87, cesser, arrêter, abandonner, renoncer à, rester. Voy. *Remanoir*.

> S'il veut en pou d'eure fera
> Cest bruit *remaindre*:
> L'en a véu *remanoir* graindre.
>> *Rutebuf*, I, 84.

Remaint (*il*), 3o; *remeinsit*, reste, demeure, survit; qu'il demeurât.

Remananz, 254; *remenanz* (*li*), 232; *remanent*, 233, le reste.

Cil qui vendi un champ... clama quite l'achateor del *remanant* del pris.
>> *Anc. trad. du Digeste*, fol. 232 r°, c. 1.

> Nous ne devons doubter c'un poi le *remanant*.
>> *Chron. de Bertrand Du Guesclin*, v. 22047.

> Si requeroit que li clers en coutast à li, et le *remanant* par desor le conte fet, il li estoit près de paier.
>> *Beaumanoir*, *Cout. du Beauvoisis*, I, 177.

Remandé, 11, mandé, ordonné de nouveau.

Remanoir, 182; *remenoir*, 140; *remaner*, 186, demeurer, rester.

> Li crime ne doivent pas *remanoir* sanz estre espanéi.
>> *Le Conseil de Pierre de Fontaines*, p. 363.

> Et que bien me herbregeroit
> Et de moi grant festé feroit
> Se je voloie *remanoir*
> Eu son ostel n'en son manoir.
>> *Rutebuf*, II, 242.

Remenances, 255, voy. *Remananz*.

Remènent (*li apeau*), 35, les appels sont abandonnés, délaissés.

Remenoir, 83, être éloignés, évités, prévenus.

Remesure, 155, nouvelle mesure.

Remué (*coisin*) *de germain*, 234, cousin issu de germain.

Remuez, 5o; *remué*, 11, changé, modifié.

> Et seront cil quatre preudez homes changié et *remué* chascun an.
>> *Le Livre des Métiers*, p. 165, note.

> Les choses ne doivent pas estre *remuées* qui touz jorz ont eue certaine exposicion.
>> *Anc. trad. du Digeste*, fol. 6 v°, c. 2.

Renable, 255, 349; *renables*, 46, raisonnables.

> Li autres le pot fere contraindre à ce que mariage se face, s'il n'i a *resnable* cause par laquelle li mariages ne se doivent pas faire.
>> *Beaumanoir*, *Coutumes du Beauvoisis*, I, 158.

Rendable, 115, solvable.

Renoier, 291, remettre; *manbre brisié qui ne pot renoier*, membre brisé qui ne peut renaître.

Renuise, 138, nuise; *renuise la vée*, nuise à la vue.

Repere, 112, retourne, demeure.

Replication, 127, réplique.

Reponge, 19, réponde.

Repont (se), 84, se cache.

> Quel part *se* porra-il *repondre*,
> Qu'à Dieu ne l'estuise respondre ?
>
> Le portier apèle ; il respont,
> Que de noient ne *se repont*.
>
> RUTEBEUF, II, 114, 127.

Repost (en), 45 ; *respost, repot*, 189, en secret, en cachette. Voy. *Repoz*.

> Nus boucliers de laton et d'archal ne puet ouvrer de nuiz ne *en repost*, ainçois convient que il oevre seur rue à fenestre ouverte ou à huis entr'ouvert.
>
> *Le Livre des Métiers*, p. 59.

> Là où il apperra évidemment avoir esté fait homicide ou trayson , ou autres griefz maléfices ou violences.... secrètement ou *en repost*, si que celui qui l'auroit fait ne peut estre convaincu par tesmoings ou autre manière souffisant.
>
> *Cérémonies des Gages de bataille*, p. 3.

Reposte (élection), 45, élection secrète, cachée.

Repoz, 278 ; *reposte*, 293 ; *repote*, 292, caché, secret, e.

Reprover, 346, contredire.

Requereors, 44 , requérants. Voy. *Requerre*.

Requenoissance, 37, reconnaissance.

Requenoist, 6, reconnaît.

Requérance, 26 ; *requérence*, requête, demande.

Requerre, 203, requérir, demander.

Rères-vavasors, 234 ; *rière-vavassor* , 255 , arrière-vassaux.

Resaisiz, 21, remis en possession.

Reseanz, 240, résident.

> Aucune persone qui vuele comencier le mestier devant dit qui ne soit pas *reseans* ne souffissable....
>
> ♦ *Le Livre des Métiers*, p. 258.

Resiné, 32, résigné, abandonné.

Reson, roison, 24, raison, motif.

Respiz, 347, délais, remises, ajournements.

Respitez, 103, exempté, dispensé.

Respous, repous, 335, 344, repos, sécurité.

Rest, 20, ratura, effaça. Voy. *Rasure*.

Reus, 98, accusé, défendeur. Voy. *Actor*.

Ribauz, 298 ; *ribaude*, 200 , crocheteur, libertin, mauvais sujet.

> Nus n'est chetis, s'il ne l' cuide estre ,
> Soit rois , chevaliers ou *ribaus*.
>
> *Roman de la Rose*, v. 5062.

> Les *ribaudes* de Soissons.
>
> *Proverbes et Dictons populaires*, p. 64.

> L'en ne doit pas sofrir que li enfant plaident contre leur père ou contre leur mère, de tricherie.... ne à un *ribaut*, ne à un houlier contre home qui est de bone vie.
>
> *Le Conseil de Pierre de Fontaines*, p. 161.

Ribauderies, 331, libertinages, débauches.

> Ce establirent li preudome ancienement, porce que les garces lesoient leur pères et leur mères.... et ne fesoient se *ribauderies* non.
>
> *Le Livre des Métiers*, p. 236.

Rielé, 102 ; *relez*, réglé, régulier.

Rigle, 5 ; *relles*, 183, règle.

Robe (cil qui), 281, celui qui dérobe.

> Tout prent, tout *robe*, tout pelice ;
> N'i a laissié croiz ne chalice.
>
> RUTEBEUF, I, 314.

Robée, 293, dérobée, volée.

> A tart se clot qui est *robez*.
>
> Ms. 1422, fol. 225, fonds Sorbonne. Bibl. nat.

Robeor, 304, 317 [*Roberres*, BEAUMANOIR, I, 165], voleur. Voy. *Robe (cil qui)*.

> Et desrobent les *robéors*.
>
> RUTEBEUF, I, 220.

> Ne sai quel *robéor* nouvel ,
> Ou *robéor* ou laroncel,
> Nous ont devant close la voie.
>
> WACE, *Roman de Brut*, v. 12904.

> Sainte Église ne doit pas garantir les *robeors* de cemins.
>
> BEAUMANOIR, *Cout. du Beauvoisis*, I, 166.

Roberie, 112, vol, pillage; *roberie de chemin*, vol de grand'route.

> Et li Esco qui sont en Albanie
> Ne portent fei à Deu le fil Marie ;
> Brisent mustiers et funt grant *roberie*, v. 687.
>
> *Chron. de Jordan Fantosme*, v. 687.

> Desloiauté engendre larrechin , et toute *roberie* et pillerie.
>
> *Les Secrets d'Aristote* , ms. fol. 8 v°.

Rocin, 238, cheval de service.

> Se me sires a pris de moi un *ronci de service*

et il ait tenu le *ronci* quarante jors continuels sans renvoier le moi, je suis quites de mon service.

     Beaumanoir , *Coutumes du Beauvoisis* , I , 392.

Li chevaus sont de plusors menières.... Li un sont destrier grant por combatre, li autre sont palefroi por chevauchier à l'aise dou cors ; li autre sont *ronein* por somes porter, ou mul qui sont astrait de assamblement de cheval et d'asne.

     Trésor de Brunet Latin, ms., fol. 136 v°, c. 2.

Roiges, 116, orge.

Roigneure, 327, rognure, coupe des cheveux.
     Et après seroiz atornez
     Se la *roignéure* d'entor....
         Méon, *Nouv. Recueil*, II, 356.

Ropout, 340, voy. *Repost*.

Roz, 146, rompu, cassé, annulé.

Rumpéure, 206 , rupture.

Sages, 30, capable, instruit; *sages de sciances (n'est pas)*, n'était pas instruit, était ignorant.
     Dou sien garder est chascuns *sages*.
         Rutebeuf, I, 3.

     Mult le troverent eugignos,
     Sage et fondez e scientos.
         Benoit, *Chron. de Normandie*, v. 29205.

Sain , 279, 331 ; *sein*, 279, marque, signe. Voy. *Sainz*.
     Mercs j'ai fait e *sainz* asez;
     Légièrement ert retrovez.
         Benoit, *Chron. de Normandie*, v. 25374.

Sainz, 112, 146; *seinz*, 311, saints évangiles, saintes reliques; *jurra sur sainz*, jurera, prêtera serment sur les saints évangiles ou sur de saintes reliques.
     Le roi jure tout premier, sur *sains*, de maintenir tous les dons des autres rois.
         Assises de Jerusalem, II , 33.
     Fere jurer à l'apprentis seur *sains* que il se contendra aus us et as coustumes du mestier bien et léaument.
         Le Livre des Métiers, p. 109.

Sainz, 331, signes, insignes.

Sairement, 53. Voy. *Screment*.
     Isnelement fait les *sains* aporter;
     Le *sairement* ont trestot trois juré.
         Ogier de Danemarche, v. 1600.

Saisis, 89, mis en saisine, en possession ; *seisiz et vestuz*, nanti et porteur. Voy. *Dessessiz*.
     Cil qui est pris *saisis et vestus* du larrecin est tout notoirement atains du fet.
         Beaumanoir, *Cout. du Beauvoisis*, II, 423.

Salreront, 336, sauvegarderont, maintiendront.

San, 10, sens, sentiment, opinion. Voy. *Sen*.
     Qu'esse, me vuelz-tu don rungier ?
     Dist la lime ; es-tu hors du *san* ?
         Robert, *Fables inédites*, I, 338.
     Qant Karles li cria : Saisne, que panses-tu?
     Cuide-me-tu sorvaincre? Tu as le *san* perdu.
         Chanson des Saxons, II , 162.

Sapience, 68, science, connaissance, sagesse, expérience.
     Cremor de Dieu est li comencemenz de *sapience*.
         Le Conseil de Pierre de Fontaines, p. 7.

     Cele vertus est apelée *sapience*, qui vaut autant comme estre sages.
         Beaumanoir, *Coutumes du Beauvoisis* , I , 17.
     Silence est signe de *sapience*, et moult parler est signe de sotise.
         La Discipline de Clergie, p. 31.

Saus, 82, sauf, entier, complet.

Sauve, 70, sûre; *sauve main*, main sûre, main tierce, sequestre.
     Sera la chose mise en *sauve mein*.
         Le Conseil de Pierre de Fontaines, p. 468.

     Les yssues doivent estre mises en *sauve main*.
     Beaumanoir, *Coutumes du Beauvoisis*, II, 11.
     De là : *Sauve-garde*.

Sauvement , 83, salut, conservation; salutairement, en sûreté.

     Li quemin doivent estre maintenu si que li marqueant et li pèlerin et autres gens... y puissent aler *sauvement*.
     Beaumanoir, *Coutumes du Beauvoisis* , I , 370.

Se, 312, si ; *se non*, sinon.
     Onques en lor jovante ne firent *se mal non*.
         Chanson des Saxons, I, 5.

     Or est Marthe, or est Marie;
     Or se garde, or se marie ;
     Mais n'en dites *se bien non* ;
     Li rois no sofferroit mie.
         Rutebeuf, I, 187.

Seaut, 6, voy. *Solet*.

> Et dreit à la fenestre ala
> Par où le fum s'en *seut* issir.
>> *Le Chastoiement*, cont. XXI, v. 6.

Segont, 10, 14 [*Segons*]; *segunt*, 16; *segondes*, 15, selon, suivant; second, secondes.

> Il convient que li *segons* face mention del premier.
>> *Le Conseil de Pierre de Fontaines*, p. 485.

Segre, 66, 100; *siegre*, 58; *sigre*, 196, suivre, exécuter. Voy. *Siure*.

Segué, 191, suivie, exécutée.

Segur, 87; *segure*, 60, 181, sûr, certain, sûre, certaine.

Segurté, 61, sûreté, garantie, certitude.

Seignaus, 330, signes, insignes, marques. V. *Sain*.

Seignées, 121, consignées?

Seignez, 279, marqué d'un signe.

Seignor. Voy. *Sires*.

Sele. Voy. *Cele*.

Sels, 238, seul.

Semondre, 17; *somondre*, 80, appeler, citer, assigner, ajourner.

> Mander, *semundre* e esbanir.
>> BENOIT, *Chron. de Normandie*, v. 37116.

> Et adonc le seignor le deit mander *semondre* par le banier ou par trois de ses homes.
>> *Assises de Jérusalem*, 1, 54.

Semons, 17; *somons*, *somonses*, 16, ajournés, appelés, assignés, es. Voy. *Semondre*.

> Chil qui sont *semons* por aidier lor segneurs contre lor anemis ou por aidier à lor meson deffendre, ne doivent pas contremander ne querre nul délai.
>> BEAUMANOIR, *Cout. du Beauvoisis*, I, 49.

> Quiconque est *semons* ou adjournés pardevant le prevost....
>> *Le Livre des Métiers*, p. 439.

> *Semons* furent, tuit sont venu
> Au jour, au liu, grant et menu.
>> *Roman de Mahomet*, v. 1376.

Semonses, 69, citations, assignations, ajournements.

> Il est encheu come de défailli de *semonce* et de dreit faire.
>> *Assises de Jérusalem*, I, 339.

> Pure *semonse* n'est mie justise.
>> *Le Conseil de Pierre de Fontaines*, p. 10.

Sen, 10, sens.

> Li peres son fill chastioit,
> *Sen* et savoir li aprenoit.
>> Méon, *Fabl. et Cont. anc.*, II, 40.

Senestre, 308, gauche.

> A destre ne à *senestre* ne turnèrent.
>> *Les Quatre Livres des Rois*, p. 21

> De quele part je me tendroie.
> A destre part ou à *senestre*?
>> RUTEBEUF, II, 247.

Senez, 238, sains, bien portants.

Sengles, 41, seul, singulier, particulier, unique.

> *Sengles* droiz est qui est establiz contre la forme de reson por aucun proufit.
>> *Anc. trad. du Digeste*, fol. 6 v°, c. 1.

> Sanz avoir m'a lessié tout *sangle*;
> Or m'estuet-il morir de fain.
>> RUTEBEUF, II, 79.

Sennefiance, 8; *senefiance*, 10, signe, marque, indice.

Senor, voy. *Sires*.

Sent, 64; *seint*, 65, saint, sacré, consacré.

Sentence, 100, sens, sentiment, opinion, avis.

> Cil fet boisdie à la loi qui garde les paroles de la loi et en mue la *sentence*.
>> *Le Conseil de Pierre de Fontaines*, p. 496.

> Voir ci-dessus, au mot *Boisdie*, cette même phrase empruntée textuellement à l'*ancienne traduction du Digeste*.

Septembreche, 225, 8 septembre, fête de la nativité de Notre-Dame. La fête de l'Annonciation, qui se célèbre en mars, s'appelait la *Marcesche*.

> Aus quatre festes Nostre-Dame, c'est à savoir à la mi-aoust, à la *Septembresche*, à la Chandeleur et au mars.

> Ce fut fet le jeudy après la *Marcesche*.
>> *Le Livre des Métiers*, p. 211, 357.

Septime, 277, septième.

Serement, 53 [*Seremens*], serment.

> ....Enguerran estoit venu
> Contre foy, contre *serement*.
>> GODEFROY DE PARIS, *Chron.*, v. 7378.

> *Seremens* qui soit fes contre Diu ne contre bones meurs n'est à tenir.
>> BEAUMANOIR, *Cout. du Beauvoisis*, II, 85.

Sergent, e, 107; *serjant,* 99, 297, servant, serviteur, officier subalterne de justice.

Premièrement doit garder li *sergenz* que il soit d'autretel mors et d'autretel menière comme ses sires est; et se ses sires est iriez, il ne doit faire joie, et se il parole, il se doit bien taire.

Ms. 198, suppl. fr., fol. 385 v°, c. 1. Bibl. nat.

Por toi, por ta béniguité
Se fist *serjanz* qui sires ière.

RUTEBEUF, II, 116.

Sergenterie, 313, office, emploi de sergent.

Seror, 225; *sor,* 226, 249; *suer,* 227, sœur.

L'ante Herbert, *seror* Hugun.

BENOIT, *Chron. des ducs de Norm.,* v. 35715.

Teneure vaut de frère contre *suer.*

Arch. adm. de la ville de Reims, I, 746.

Sers, 294; *serf, serve,* 294, colon attaché à la terre.

Li uns des *sers* sunt si soujet à lor segneurs, que lor sires pot penre quanqu'il ont, à mort et à vie, et lor cors tenir en prison toutes les fois qu'il lor plest, soit à tort, soit à droit, qu'il n'en est tenus à respondre fors à Dieu. Et li autre sunt demené plus debonerement, car tant comme il vivent, li segneur ne lor poent riens demander, s'il ne meffont, fors lor cens et lor rentes et lor redevances, qu'ils ont acoustumées à paier por lor servitutes. Et quant il se muerent, ou quant il se marient en franques femes, quanques il ont esquiet à lor segneurs, muebles et héritages; car cil qui se formarient, il convient qu'il finent à le volenté de lor signeurs. Et s'il muert, il n'a nul oir fors que son segneur, ne li enfant du *serf* n'i ont riens, s'il ne le racatent au segueur, aussi comme feroient estrange. Et ceste derraine coustume que noz avons dite, quort entre les *sers* de Biavoisis, des mortes mains et des forsmariages, tout communement.

BEAUMANOIR, *Cout. du Beauvoisis,* II, 233.

Il sont apelé *serf* porce que li empereeur commandèrent que li chaitif fussent vendu et ne fussent pas ocis : et einsi estoient-il gardé (*servati.*)

Anc. trad. du Digeste, fol. 7 r° et v°.

Servage, 294.

Servages est uns establissemens des drois aus gens par quoi aucuns est sosmis contre nature à autrui seignorie.

Le Conseil de Pierre de Fontaines, p. 499.

Servise, 294; *servises,* 137, servitudes.

Seue (*commune*), 25, connaissance générale, notoriété publique.

Seurprant, 279, usurpe.

Ses, 24, son; *ses motiers,* son monastère.

Set, 61, sait, soit.

Li decevanz qui *set* maint tor.

RUTEBEUF, II, 275.

Si, 318, ainsi.

Car il ne cuident pas morir
Ne dedenz la terre porrir,
Mès *si* feront.

RUTEBEUF, II, 1.

Si, 70, ses.

Si home estoient, ne li volrent fausser.

Ogier de Danemarche, v. 5385.

Sige sa mère, 56, suive [la condition de] sa mère. Voy. *Segre.*

Simplece, 18, simplicité, ingénuité, ignorance.

Simplement, 51, ingénument.

Granz robes ont de simple laine,
Et si sont de simple couvaine,
Simplement chascuns se demaine,
Color ont simple et pâle et vaine,
Simple viaire.

RUTEBEUF, I, 205.

Sindées, 350, libéré de la reddition de compte.

Singesse, 284, singe femelle.

Singe est une beste qui volantiers contrefait ce que il voit faire as bomes.... Et sachiez que *singesce* en porte deus, dont ele aimme l'un si forment que ce est mervoille.

Trésor de Brunet Latin, ms. fol. 138 r°, c. 1.

Sires, 13, 57; *seignor,* 88, 219, 233, seigneur, maître; mari.

Aucun cas sont que li *sires* demande especialment contre aucun de ses homes, on aucun des homes contre lor *segneur.*

BEAUMANOIR, *Cout. du Beauvoisis,* I, 30-31.

Si enfant ou li enfant de sa fame, por tant que son *seigneur* ait esté du mestier; et se li *sires* à sa fame n'eust esté du mestier il ne puet pas aprendre les enfans sa fame à ce mestier.

Le Livre des Métiers, p. 60.

Sis, 158, son; *sis heirs,* son héritier.

Siste, 230; *sixte,* 228, sixième.

Quarte, quinte, *siste,* septisme, uitisme.

VILLEHARDOUIN, *Conq. de Constantinoble,* CLXXIII.

Siure, 320, suivre.

Sodinement, 224, soudainement, subitement.

Sodre, 275, solder, payer, acquitter. Voy. *Souder*.

Soe, 7 ; *soie*, 13 ; *soue*, 279, sienne.

> Et s'aucuns vent la *soue* chose propre....
>> *Le Conseil de Pierre de Fontaines*, p. 94.

Soef, 5, doux, doucement, avec douceur.

> Il n'est riens qui n'ait son contraire...
> Les espines sont près des roses,
> Aussi est l'ortie poingnant
> Jouxte l'erbe *souef* joignant.
>> *De Leesse et le contraire*, dans *Romvart*, p. 368.

Soffrir, 311 ; *se soffrir*, attendre.

Solaz, 59, plaisir, avantage.

> Grant *solaz* et grant joie i éust et baudor.
>> *Chanson des Saxons*, II, 94.

> Vos iestes m'amie et m'amors,
> Et mes *solas* et mes secors.
>> Méon, *Fabl. et Cont. anc.*, IV, 281.

Solet (ne), 59 ; *sieut*, 138 ; *siot*, 170 ; *ne souloit*, n'avait coutume.

> La dame revint en maison,
> Qui n'aveit pensé si bien non :
> Contint sei si com el *soleit*,
> Et mielz encor se mielz poeit.
>> *Le Chastoiement*, cont. XI, v. 24.

> A son signor, si con il *sieut*,
> Mahommés pensis s'en repaire,
> Si le sert ensi con *siut* faire.
>> *Roman de Mahomet*, v. 196.

> Deux parts en fit, dont il *souloit* passer
> L'une à dormir, et l'autre à ne rien faire.
>> La Fontaine, *Épitaphes*, I.

Sollempnement, 45, solennellement.

Sollenpnes, 38 ; *solempné*, 193 ; *sollempnié*, proclamée, solennel, solennisée, célébrée.

Solue, 216, résolue, décidée.

Sopeceneus, 338 ; *sopecenos*, 311 ; *sopecenous*, 315 ; *sospeceneuse*, 33 ; *soupeceneus*, 15 ; *soupeceneuses*, 13, suspect, suspectes.

> Le justice doit penre toz les *souspeçonneus*.
>> Beaumanoir, *Coutumes du Beauvoisis*, I, 460.

> Trop grans loenge est *souspeceneuse*, et grans blastenge est signes de haine.
>> *Proverbes Seneke le philosophe*.

Sorbir, 66, supprimer, absorber, usurper.

Sorcerie, 308, sorcellerie.

> *Sorcerie* si est, si comme una hons ou une feme fet entendant à un vallet (jeune homme) qu'ele li fera avoir une mescine (jeune fille) à mariage.... par force de paroles ou par herbes ou par autres fes qui sont malvès et vilain à ramentevoir.
>> Beaumanoir, *Cout. du Beauvoisis*, I, 167-168.

> Que se tu crois en *sorcerie*,
> En charme ne en charaudie....
>> Rutebeuf, II, 243.

Sorcot, 300, sorte de vêtement de dessus.

> L'une fut grande et bien taillie,
> D'un blanc samit appareillie ;
> Cote en ot, *sorcot* et mantel
> Afublé un poi en chantel.
>> Rutebeuf, II, 472.

Sordeirez, 55, troublé, empiré.

Sormise, 62, 98, 101, 153, 298 ; *sormises*, 86 ; *surmise*, 154 ; *seurmise*, 299, allégation, surprise, abus, excès.

Sort, 160, prend son essor, s'élève.

Sort, 105, sourd.

> Aucun sont empeeschié par loi que il ne soient juge, si come li *sorz* et li muz, et cil qui est forsenez pardurablement.
>> *Anc. trad. du Digeste*, fol. 72 v°, c. 1.

Sort, 267 ; *sordoit*, *sordoent* (en), 233, en découlaient, en naissaient.

Sos, 258 ; *sol*, 5 ; *sole*, seul, seule.

Sostif, 292 ; *sotif*, *sotive*, 298, engin, moyen subtil.

> Nulle ouvrière de tissuz de soie ne puet estre mestresse ou mestier devant ce qu'elle aura esté un an et un jour à lui, puis qu'elle aura fet son terme, por ce qu'elle soit plus *soutive* de son mestier garder et fère.
>> *Le Livre des Métiers*, p. 88.

Souder, 343, solder, payer.

Soupecenos (ara), 12, aura en suspicion, en soupçon, soupçonnera. Voy. *Sopeceneus*.

Soulement, 49, sottement, follement.

Strangées (à) [*astrangées*] *et leuvat*, 239, étrangère et éloignée.

Sus, 25, sur ; *mettre sus*, attribuer, accuser, avouer, alléguer, opposer.

> Li tesmoins s'offre à deffendre par gages de

bataille de che c'on li *met sus* traïson ou larrecin.
BEAUMANOIR, *Coutumes du Beauvoisis*, I, 109.

Sus mise (s'est), 18, s'est produite.

Symoniaus, 37; *symoniax*, simoniaque.

Tables (jeu de), 338, jeu de dames, de trictrac.

    Sus el palais m'en iras à Bernier :
    Dis-li par moi salus et amistié,
    Et qu'en mes chambres se vaigue esbanoier,
    Et as eschés et as *tables* joier.
        Roman de Raoul de Cambrai, p. 220.

Talles, 240, *tuales*, tailles, impositions.

Tavernier; taverners, 274; *tavernerre*, cabaretier, marchand de vin.

    Tout cil pueent estre *tavernier* à Paris qui veulent, se il ont de quoi, par paiant le chantelage au roi.
        Le Livre des Métiers, p. 28-29.

Teille, 146, toile.

Temporés (choses), 212, choses temporelles.

Tenemanz, 117, domaine, propriété, héritage.

Teneoires, 63; *teneueres*, 64; *tenures*, 89, tenure, mouvance, dépendance d'un fief; héritage.

Tenue, 154, jouissance.

Terriens droit, 63, droit humain, opposé à droit divin.

Tes, 7; *tex*, 40, 342, tel, tels, telles.

    Tés chevaliers ne fu ne n'iert jamais.
    De *tex* services vos ferai-je assés.
        Ogier de Danemarche, v. 9243, 5744.

Tésir, 47, taire, passer sous silence, cacher.

    Dit tel parole que bien déust *taisir*.
        Garin le Loherain, I, 233.

Tesmoign, *tesmoin*, 10, 35, 336, témoignage, déposition.

    Sa fame ne li poïst mie
    Porter *tesmoing* ne garantie.
        Roman du Renart, v. 8525.

Testamenter, 224, faire un testament, tester.

Teue vérité, 15, la vérité cachée.

Thalemelier, 12, boulangers.

    Nuz ne puet estre *talemeliers* dedans la banliue de Paris, se il n'achate le mestier du roi.
        Le Livre des Métiers, p. 4.

Thalemelirie, 12, boulangerie, profession de boulanger.

Li noviaus talemeliers achète le mestier de *talemelerie*.
        Le Livre des Métiers, p. 5.

Tierce, 20, 277; *terce*, 283, troisième.

Tierz, 229; *trez*, 228, troisième.

Tiex, 278, tel; voy. *Tes*.

    Et *tiex* ne puet aidier qui nuist.
        Roman du Renart, v. 27950.

Tis, *tis fiz*, 59, tes, ton fils.

Toille, 165, voy. *Tolir*.

Toleor, 104, 322, escroc, pillard, maraudeur.

Tolir, 69, 326; *tolu*, 254, 291, prendre, enlever, couper; *membres tolir*, couper, faire perdre un membre; mutiler.

    Tolir est général parole... *Tolir* est oster des mains par force; souztrere est oster en quel manière que ce soit.
        Anc. trad. du Digeste, fol. 20 r°, c. 2.

    Penre disons-nos à la foiz por *tolir*, dont cil oiseal ki les ravissent ont non, solunc lo latin, *Prendeor*.
        Le Livre de Job, à la suite des *Quatre Livres des Rois*, p. 507.

Torfez, 318, dommage, préjudice.

    Pour connoistre sus usuriers,
    Sus tous *torfaiz* et sus touz griez.
        GODEFROY DE PARIS, *Chron.*, v. 7920.

    Roquefort, dans son *Glossaire*, II, 632, à ce mot, cite le *Livre de Jostice et de Plet*.

    Trop est cruel dete d'avoir de l'autrui à tort, ne nus hoirs ne doit enriquir du *torfet* son père.
    BEAUMANOIR, *Coutumes du Beauvoisis*, I, 187.

Torment, 160; *tormente*, 161, tourmente, tempête.

Tornès à, 173, avec retour; *à tornès ou sanz tornès*, avec retour ou sans retour.

Torp, 60, aveugle. Voy. *Orb*.

Torzfesors, 336, 337, fripons, malfaiteurs.

Torzfez, 4; *torfet*, 32, méfaits, injustice, dommage, outrage.

Tost, 156; *tot*, 22, 41; *toust*, 39; *tout*, 21, 54, quoique, puisque.

    ...Vos faites vos justices
    Sens jugement aucunes fois,
    Tot i soit sairemens ou foiz.
        RUTEBEUF, I, 119.

Tost, 139 ; *tol*, 236 ; *tout* (*done et*), 21, enlève , ôte (donne et). Voy. *Tolir*.

Tote, 309 ; *tôtes*, 72, exactions, impôts ; *tôtes et forces*, exactions et violences.

Toust (*lor*), 51, leur ôte ; *toudront*, 336. Voy. *Tolir*.

Toz, 9, tout.

Toztenz, 187, en tout temps, toujours.

  S'en pora l'on traire *tos tens*
  Et grant exemple et grant sens.
     Partonopeus, v. 93.
  Vilains ment volentiers *toz tens*.
     Roman du Renart, v. 15942.

Traire, 80 , 84 ; *trere*, traduire, appeler, tirer ; *traire en plet, en cause*, traduire en justice, appeler en cause.

 En puet bien *traire en cause* le fill qui est en baill por les marchiez qu'il a faiz, et por ses forfez.
   Le Conseil de Pierre de Fontaines, p. 353.

Traîtres, 289 ; *traïtor*, 104, 280, traître.

  Quant li *traitre*[*s*] les foloit....
  Nus ne m'osoit del *traitor*
  Rien nule dire fors honor.
     Partonopeus, v. 3595-3599.

Trampéement, voy. *Atempréement*.

Translater, 50, transporter, changer.

Travaillier, travailler, 14 ; *traveller, travaller, travaler*, 17, 22, 25, tourmenter, vexer, chagriner.

 Pour *travaillier* son aversaire.
   Le Conseil de Pierre de Fontaines, p. 485.

Traval, 22, vexation, tracasserie.

Travalleors, 104 ; *travailleors*, 323, qui vexent, tourmentent.

Travers (*de*), 225, en ligne collatérale.

Tre, 139, poutre, solive.

Trébuchéiz, 97, trébuchement, renversement, bris, destruction.

  Tresbuchéiz de charretes.
   Proverbes et Dictons populaires, p. 14.

Trere, 141, traîner, tirer. Voy. *Traire*.

Treschangie personne, 20, personne interposée, tiers.

Trespassé, 185, enfreint.

Trespase, 10, 336, 343, enfreint, dépasse.

Trespassemant, 8, ce qui passe la mesure, les bornes, qui va au delà.

Tresportement, 50, transport, mutation, changement.

Tret en plet, 15, traduit en justice. Voy. *Traire*.

Tretes en exemple, 9, données, extraites comme exemple, comme règle générale.

Trez en grâce, treite de toz, 37, tourné, change en grâce ; extraite, sortie de tous. Voy. *Traire*.

Trez (*tesmoins furent*), 192, des témoins furent appelés.

Triboleor, 121, porteur, journalier.

  Tant set de bole li bollierres
  Et tant par est forz *triboullieres*.
    Rutebeuf, II, 275, note 6.

Tricherie, 108 ; *trecherie*, 17, 76, dol, fraude, ruse, tromperie, subterfuge.

 Tricherie est fete par fauxe peusée ou par fauxe parole, et.... covenanz est fez par *tricherie* toutes les foiz que cil qui le fet dit une chose et pense une autre por décevoir autrui.
   Anc. trad. du Digeste, fol. 27 r°, c. 2.

Tricherres, 298 ; *tricheor*, 104, 114, 322, fripons, imposteurs, filous.

Tricherressement, 278 ; *tricharressement*, 338 . en tricherie, déloyalement.

Trives, 83, trêves.

Truanz, 104, 323, truand, mendiant, vagabond.
  Truans estoit, pautonniers et coquins.
    Garin le Loherain, I, 269.

Tuit, 5, 338, 342 ; *toz*, 63, tous.

 Tos les haï et il moi *tuit*.
    Partonopeus, v. 3593.

Uiche, 164, huche, coffre.

Uis, 242, porte.

 J'iroie ains d'*uis* en *huis* mes aumosnes rouver.
    Roman de Berte, p. 62.

 Et voulient entrer en une chambre... et lors leur cloit l'*uis* au devant d'eux , tant que il n'y povoient entrer, et tous jours li requiroient qu'elle ouvrit l'*uyx* ; finablement li *huys* fut ouvers.
    Les Olim, t. II, p. 725.

Université, 9, universalité, généralité, commune, communauté.

 Se aucune chose est deue à l'*université*, etc

n'est pas deue à chascun ne chascun ne doit pas ce que l'*université* doit.

    Anc. trad. du Digeste, fol. 42 v°, c. 1.

Quant aucune chose est mandée ou otroiée à aucun ou à aucunes, ou à assemblée, ou à *université*, ou à cité....

    Le Conseil de Pierre de Fontaines, p. 481.

Unques, 84, *nunques*, 184; *unc*, jamais.

> Kar bien savum senz nul mentir
> Que li peres *unc* ne forfist
> C'*unc* damages li avenist.

> ... Deus, que *unques* ne menti,
> De seinte Marie en terre nasqui.
>   Benoît, *Chron. de Normandie*, v. 31810,
>   et t. III, p. 501.

Us, 134; *hus*, 304; *usages, husage*, 144; *usères*, 139.

> Selonc les *us* et les coustumes du mestier.
> Fère le puet sans nul contredit, mès qu'il se contiegne aus *hus* et aus coustumes du mestier.
>   *Le Livre des Métiers*, p. 15, 165.

> *Hus* ou coustume ou assise de ce royaume. Assise et *husage* y a de ce.
>   *Assises de Jérusalem*, II, 404.

> Par clers *usages* et par cleres coustumes, usées et acoustumées de lonc tans pesivlement.
>   Beaumanoir, *Cout. du Beauvoisis*, I, 13.

Usages, 129, droit de jouir de la propriété d'un tiers dans les limites des besoins personnels de l'usager, droit personnel sur une propriété.

Usagier, 129; *usajuer*, 136, usufruitier. Voy. *Usages*.

Usé (*l'en a*), 6, usage (on est dans l'usage).

Vaerie, 69, voierie; *office de vaerie*, office, règlement de ce qui concerne la voie publique.

Valet, 116; *vallet*, 178, jeune homme.

> Roi valrent faire, si dotèrent
> Del quel des *vallés* roi feroient.
>   Wace, *Roman de Brut*, v. 6624.

> Qui n'ert tosel pas ne *vaslet*,
> Mais chevaliers durs et vaillanz.
>   Benoît, *Chron. de Normandie*, v. 37634.

Vallent, 205, l'équivalent.

Value, 96, valeur, équivalent.

> Je suis tenus à rendre la *value* que le coze valoit et tans que ele me fu prestée.
>   Beaumanoir, *Coutumes du Beauvoisis*, II, 10.

> Donrai-vous ma robe de soie
> Pour autre de mains de *value*.
>   *Roman de la Manekine*, v. 4930.

Vant, 10, vient.

Vauge, 78, vaille.

Vavassor, 233; *vavasor*, 67, 234, seigneur bas justicier, vassal qui tient un fief d'un autre.

> Et se bas sire, einsi come *vavaseurs*, prenoit de l'ajorné por la défaute, il covendroit qui le rendist au seigneur de l'ajorné.
>   *Conseil de Pierre de Fontaines*, p. 251.

> Or vos dirai qe font li esquier,
> Li *vavasor* et li bas chevalier.
>   *Ogier de Danemarche*, var. au v. 10083.

Vavasoreries, 153, fiefs tenus par les vavasseurs.

Vée, 256, vois. Voy. *Veer*.

Veil, 193, voile.

Veement, 141, contradiction, opposition.

Vencons, 72, vengeances, représailles.

Venderres (*li*), 174; *vendeor* (*au*), 128.

> Se li achatierres ne rent au *vendeor* quantque il li doit rendre par cette action, li *vendierres* ne puet mie estre condampnez à lui; et se li *vendierres* ne fet à l'achateor ce qu'il doit, il sera condampnez à lui.
>   *Anc. trad. du Digeste*, fol. 237 r°, c.1.

Veaut, 9; *viaut*, 58; *viot*, 7, 79; *viout*, 78; *viust*, 92; *viut*, 88, veut.

Veer, 136, voir. Voy. *Voer*.

> Par cinc virgines entent
> Cinc sens veraiement :
> *Veer*, oïr, parler,
> Tucher et odurer.
>   Philip de Thaun, *le Bestiaire*, v. 443.

Veér, 9; *voier*, 144, interdire, défendre, prohiber.

> Deffaute de droit, si est de *veer* droit à fere à celi qui le requiert.
>   Beaumanoir, *Cout. du Beauvoisis*, II, 405.

> Li prevoz de Paris icele persone porra *veer* à commencier le mestier devant dit.
>   *Le Livre des Métiers*, p. 258.

Venençons, 2, *vencon*, 168; vente.

Ventes, 242, droit que le seigneur percevait sur les ventes faites par ses vassaux.

Venue, 237, voy. *Avenue*.

Veroie, 271; *vroie*, 316, vraie.

Vers, 235; *veres*, 32, vrai, vraies.

Vertu, 314, force, vigueur.

> Li quens (comte) s'abaisse et sa *vertu* li chiet.
> *Garin le Loherain*, II, 239.

> La *vertu* de la loi est tele : comander, desfendre, otroier, punir.
> *Le Conseil de Pierre de Fontaines*, p. 476.

Vest, 80, va, fait des démarches.

Vestuz (sésiz et), 258, en possession, en jouissance légale. Voy. *Saisis*.

Vet (ce ne) pas, 9, cela ne s'applique pas, ne convient pas.

Veu, 60, aveu, adoption. Voy. *Avoer*.

Vez-ci, *vez-là*, 299, voici, voilà. Voy. *Veer*.

Vicarie, 21, emploi, bénéfice de vicaire.

Viellegnere, 98, vieillesse.

Vilains, 2; *vilein*, 62, serfs, roturiers, paysans.

> *Vilains* est apelez à plain,
> Non pas pour ce que il soit plain
> De vilenie ne de mal non,
> Mès de ville (village) est : *vilains* a non.
> *Renart le contrefait*, ms., fol. 27 r°, c. 2.

Vilanage, 242, voy. *Vilenage*.

Vilenage, 58; *vilenaige*, 130, voy. *Vilain*.

> Noz apelons *vilenage*, héritage qui est tenus de segneur à cens ou à rente ou à campart, car de celi qui est tenu en fief on ne doit rendre nule tele redevance.
> BEAUMANOIR, *Coutumes du Beauvoisis*, I, 226.

Vis, 129, vif, vivant; *don antre la vis*, don entre vifs.

> Pais est et as mors et as *vis*.
> Jubinal, *Fabliaux*, I, 290.

Voer, 57, 228; *voier*, 126, 255, voir, examiner.
De voir et de savoir, au vu et au su.

Voie, 139, vue, jour.

Voiement, 61, voy. *Avoiement*.

Voirs, 49, vrai, exact.

> Aucune fois *voir* dire nuit.
> *Proverbes ruraux et vulgaus*.

> Que n'estoit pas *voirs*, mès mençonge.
> RUTEBEUF, II, 252.

Vois (com an)? 268.

Volunterif, 155, volontaire.

Vou, 193, vœu.

Ynées [yuées] parties, 132, égales parties. Voy. *Yues*.

Ynglise, 17; *yglise*, 210, église. Voy. *Iglises*.

> L'*yglyse* de Rome est chiés et mestresse de toutes églises.
> TANCRÈDE, *li Ordinaires*, fol. 26 v°. c. 1.

Yuel, voy. *Iuel*.

> Se les detes sont *yuels*, lors doit l'en garder au nombre des personnes; et se li nombres des personnes est *yuiex*, li prévolz siura l'auctorité de celui qui seurmonte les autres par dignité : et se totes les choses sont *yuiex* de chascune part, li prévolz eslira la plus humaine sentence.
> *Anc. trad. du Digeste*, fol. 27 v°, c. 2.

> Par foi! or sommes-nous *yevel*.
> *Thedtre au moyen âge*, p. 197.

Yues, yves, 221, voy. *Iue*.

Yuiement, 221. Voy. *Iuéement*.

> Se uns usaires est lessiez à ton serf et au mien, il est autresi comme s'il fust lessiez à moi et à toi, et por ce n'est-il pas doute que il n'aparteigne à nos *yuelment*.
> *Anc. trad. du Digeste*, fol. 100 v°, c. 1.